U0069776

Psychology

Psychology

請叫我「遊民小姐」！

As Free as Miss Nomadic：Say No to Overwork and Over-Achieve

遊民小姐——著

目錄

Contents

推薦序：最好的東西，是自由／劉揚銘 007

前言：金牌文案？廣告才女？創意總監？請叫我「遊民小姐」！ 011

第1章 最自由的新活法：上流遊民Style 017

當老闆就是上流？當「遊民」才夠上流！

「社畜小姐」進化史

我想進化爲人，好好生活

就算明天世界末日，也想這樣過一天

第2章 上流遊民的力爭上游之路 041

第1站 自由自在 042

落髮、早禿、鬼剃頭，我想留住頭髮的自由

無所事事才是眞本事

比起股市套牢更可怕的，是人生套牢
炒房跟炒股，我只能被炒魷魚？
不上班的日子更有聊
賺多少錢才叫財富自由？

第2站 好吃懶做 083
尾牙想好好吃飯，還是回家吃自己？
拚死工作不是形容詞，那是動詞啊！
見紅就放，體檢單紅字害我放了一個月的假
懶著懶著……一不小心改變了世界

第3站 遊手好閒 111
大江東去浪濤盡，千古上流遊民
失去全世界之後，我們才開始找到自己
當人生需要轉機，就去旅行轉機

當我放棄追求財富，結果財富追著我不放
心境歸零，資產不歸零
遊民投資法：懶得管、躺著賺

第4站 不務正業 149
用我的幼稚和社會鬥智
那些沒路用的工作，都爲我的財富鋪路
最「走精」的工作最「招金」
上流遊民的一〇〇+種生活方式

第5站 隨遇而安 180
保持一片海的社交距離
退而不休才優秀？我不想變成老不休！
沒有房，才能處處爲家
人生不是得到就是學到，有時還會遲到

人生最美的境地就是無用武之地

第6站　極少即多　209
搬家，啟蒙我的斷捨離
小孩才做選擇，我全都不要
百無聊賴時，就擺爛吧！
在低欲望社會中做高欲望的人
沒有名也有力，素人可不是吃素的

第3章　上流遊民養成說明書　239
最艱難的那一年，我決定去當上流遊民
上流遊民七大心法

後記：以遊民精神，過上流生活　263
參考資料　267

推薦序

最好的東西，是自由

劉揚銘

這是一本讓我翻閱時常常會心一笑的書，作者總是用幽默口吻說出過去慘痛的職場經歷，這能力讓我推薦起來毫不費力。我想她現在一定過得挺悠閒，才有餘裕回顧那個被當成「日不落創意工廠」而操勞崩塌的自己，一個人日子過得舒服，比什麼都有說服力。

可以不上班，過想過的日子，比起能力，更多是想像力的問題。遊民小姐選擇生活的方式，幫讀者打開新的想像（至少讓我增添了人生的更多想像），當然這不是說，她的選擇就是正確的、更好的，而是，她創造了一種新的選擇，過去可能連她自己都不敢想，現在卻實現了，還覺得真不錯呢。

百種人生，各自實現

這本書讓我想起兩個故事。一個是我老闆的，一個是我的。

我過去的老闆曾說，她的人生願望是五十歲時退休，跟先生一起去環遊世界。夫妻倆生活無後顧之憂，財力也綽綽有餘，但現在快六十歲了卻還沒踏上世界之旅，可以想像，經營公司有很多放不下心的地方，忙了這個接著忙那個，而且人在江湖身不由己，可能老闆想抽身，員工還不讓她退隱呢。我想老闆這輩子很難真的去環遊世界，不過她也去過非常多地方了。

話說光譜另一端，超過十年沒上班的我，正處於隨時都可以出發去旅行的狀態，但我也沒去環遊世界，因為對世界沒有太多好奇，只想去自己喜歡的地方旅行。雖然我沒有老闆的金錢餘裕，但我擁有超過她的時間餘裕，我們誰也沒能環遊世界，但我們都正在實現各自選擇的生活方式。

我喜歡跑步，不過天氣熱不跑、天氣冷不跑、下雨也不跑。畢竟我喜歡跑，是因為讓身體鬆開活動、讓心臟鼓動、胸口喘息呼吸、皮膚流汗曬太陽，這樣很舒服。既然跑步是為了舒服，那才不想吹著寒風頂著細雨，也要激勵自己按照時刻表鍛鍊身體呢。

自然，我也不會說「為了舒服而跑」才正確，其實這搞不好是一種很爛的選擇，只是我喜歡這樣做而已。我更敬佩所有能按課表設定課題、持續練習、精進跑姿與肌力、最終達成更好成績的跑者，他們選擇了他們渴望的目標，而我也選擇了我的。

萬種想望，自由最高

所以說，我喜歡這本書，因為遊民小姐並沒有鼓勵大家應該當遊民，她只是對我們解釋何謂「遊民」（就在前言與第一章開頭，定義十分精彩，大家一定要看），為何選擇成為遊民，以及如何從一個力爭上游、自我剝削的上班族，轉型成快樂遊民的個人經歷（並不容易，得做好各種現實準備喔）。書裡還蒐集了許多非典型的、脫離傳統職場生涯的案例，但身為讀者，覺得作者自己的故事已經足夠精彩了。

特別喜歡看遊民小姐在廣告業經歷的各種妖魔鬼怪事件，文章大小標題如此有趣，毫不意外她橫掃過各家廣告文案創意獎，更珍貴的，是她能不眷戀那個挺有成就的自己，願意選擇一種更鬆散、舒適、有情調的生活方式。

我們的人生都要在時間、金錢與人際關係上做取捨。遊民小姐說：「我想加入時間最多、自由度最高、包袱最少、壓力最小，以及與社會連結度最低的那群人。」她也在書中引用可可·香奈兒（Coco Chanel）的名言：「生活中最好的東西是免費的，第二好的則非常、非常貴。」（The best things in life are free. The second best things are very, very expensive.）

而我，想這麼認為：「免費」和「自由」其實正是同一個字—— free。

（本文作者為自由作家）

前言

金牌文案？廣告才女？創意總監？請叫我「遊民小姐」！

說到「遊民」，我想大部分的人應該都在避免自己成為這樣的人吧？其實我也是。

有陣子看了很多類似的書《無家者》《下流老人》（下流老人：一億総老後崩壊の衝撃）、《老後破產》（老後破産：長寿という悪夢）、《貧困世代》（貧困世代：社会の監獄に閉じ込められた若者たち）等。村上龍的《55歲開始的Hello Life》（55歳からのハローライフ）中，我最喜歡〈再做一次翱翔天際的夢〉這篇故事。開頭就這麼寫著：「因藤茂雄心想：人意外地容易淪為遊

民……」，裡面對遊民的描寫，讓我不禁對未來焦慮了起來，似乎再怎麼努力工作都存不了錢，社會反而覺得是你不夠努力或沒有能力。

我從小就認知到自己沒有意外之財的命。別說彩券，發票沒中過、尾牙更沒摸過大獎。我既非從事像工程師或銀行員這樣的紅利職業，更沒有家產可繼承。我有個普通……應該是「不普通」的家庭，隨時會上社會新聞的那種。

小時候，我爸爸是跑遠洋漁船的船長。婚前處處鬥毆進過監獄，婚後養女人卻不養家庭。還曾得罪地方流氓，半夜拿開山刀找上門，差點血洗全家，隔天留下看不出原貌的客廳與滿地碎玻璃。此後搬家到花蓮，他依然吃喝嫖賭、酒後家暴。媽媽痛恨命運，卻只抱怨，一切都是因為怕丟面子而不願離婚（我不是賣慘喔！是說明狀況。我相信過去不會影響現在與未來）。

爸爸死後沒留（合法）債務已經很幸運了，我一出社會就背了約五十萬的大學助學貸款，工作也總在錢多與喜歡間掙扎。最後還是選擇喜歡的工作，拚了命，才終於進到台灣最好的廣告公司。名片像是表面加持的光環，背後卻領著低薪。即便找到一間超便宜的房子，每月繳付房租水電網路勞健保，再扣掉給家裡的錢，所剩無幾。

該是追求人生自由的時刻了！

在天天爆肝加班的日子裡，我突然生了怪病。

一開始是鬼剃頭，後來全頭落髮，看了中醫、西醫都找不出原因，還被老闆笑說像電影《魔戒》（*The Lord of the Rings*）裡的咕嚕（Gollum）。於是，我辭職了（存好給家裡一年的錢才敢辭職），一邊接案，一邊休息了一年八個月。某天經過陸橋下，看到一位遊民自在地躺著。他的頭不是低低的，而是面朝上望著天空，好像在觀察也像在享受。此刻我竟然開始羨慕起來，想著要怎樣生活才能像他一樣。

回想過去的眾老闆們，當上被視為成功指標的創意總監後，依然拚獎座、拚業績，每天忙到凌晨三點甚至天亮。看到他們的背影，我打了個寒顫，決定我不要努力當老闆，我要努力當上遊民！

經過這次的大休息，頭髮長回來，存款帳戶卻歸零，當時我已經三十七歲了！再這樣下去可不行！我要的是「有生活」，也要「有錢生活」，才夠自由。

這樣的我，開始朝「上流遊民」的夢想努力。首先打破舒適圈，離開台灣去海外工作；學習最基礎、最傻瓜的理財知識。最重要的是，調整好自己的心態與生活狀態。努力了五年多，終於當上精神與物質都不缺的遊民，實現人生自由。

人生真的很奇妙。我以為自己的第一本書會是如何寫廣告文案這類的主題，畢竟我也開過文案課（或是社畜的悲鳴？）。但是我很想分享像自己這麼沒背景，甚至是特殊家庭長大的人，也能過著自己理想的生活。

感謝幸運之神的過分眷顧，若能帶給絕望的社畜一點點希望，那就太好了。人說：「人生就像打牌，即便拿了一手壞牌，也要盡力打好。」當然，我人生的牌局仍在進行中，未來會翻到什麼牌，沒人知道，但每拿到一張牌，手中就會出現不一樣的組合。偶爾跳脫固定打法，便能有全新體驗。

現在的我，很享受打牌的這段過程，就像是得到重新活一次的機會。

「比起不去學習的小朋友，我更擔心不去玩的大人。」

——日本書店海報

第 1 章 ○○○

最自由的新活法
上流遊民 Style

在日劇《約會~戀愛究竟是什麼呢?》(デート~恋とはどんなものかしら~)中,「高等遊民」一詞紅極一時。劇中男主角谷口巧是個三十五歲好手好腳的青年,卻不事生產、依賴母親生活。他稱之為「聖域」的房間堆滿了書、漫畫、光碟,他自己則這樣繭居十二年,整天躲在裡面讀書看電影。外人稱他啃老族,他極為不滿,堅稱自己是「高等遊民」。他唾棄勞動工作,認為陶冶情操才是人生的真諦!但是母親的身體大不如前,他才立志……努力尋找取代母親的寄生對象:在政府機構上班、有穩定收入的學霸女主角。

他對女主角求婚時有段經典台詞:

「**不工作是我做為高等遊民的矜持!人應該有各式各樣的活法**。明治到昭和初期,社會認可不工作而修身養性的高等遊民。以前女性結婚成家,被稱為找到長期飯票,並獲得所有人的祝福。女人被堂堂正正賦予了不外出工作的選擇,憑什麼男人不行?男人找長期飯票有哪裡不好?妻子在外工作,丈夫做家庭主夫守護家庭,現在這樣的夫婦很多,妳還要否認這一點嗎?

付出辛勞血汗工作賺錢很偉大，但不賺錢、遠離世俗生活，不也該予以尊重嗎？**人的活法沒有對錯之說，幸福並不是靠人的標準來決定的……**」

「高等遊民」這個詞並非憑空出現，也不是編劇古澤良太自創的，而是明治至昭和初期廣泛使用的詞。最早可追溯至明治三十六年（一九〇三年）九月二十五日，《讀賣新聞》上的一篇文章寫著：「『高等遊民』不從事生產，只專心鑽研自己感興趣的知識領域。」

夏目漱石著作《心》（こころ）中的先生、《後來的事》（それから）中的長井代助、川端康成代表作《雪國》（雪国）中的主角等人都是代表。就連作家太宰治本人也是，他不被後人視為富二代，而是「高等遊民」。

《後來的事》中，主角長井代助畢業後賦閒在家，依靠父親和哥哥金援度日。為自己獨特的生活方式抗辯時，他說：「不能體驗一下那種不必為麵包、水而操心的美好生活，做人就沒有什麼意義啦！你大概還把我看做幼稚的少爺吧？但我有自信：在我接觸到的那個繁華世界裡，我遠比你老成呢！」

「高等遊民」這個辭彙會重新進入人們的視野，被認為與現代社會的壓抑上班族生活緊密相關。

日本現代文學評論家岬龍一郎總結了新高等遊民的二十個特徵：富有的不是金錢是時間、追求的不是物質是內心、丟掉一般世俗的欲望、追求適度、沒有錢也總是很開心、從來不因想要某樣東西而排隊、不善於人情世故、比起形式更注重內容、永遠保持對知識的好奇、擁有不受任何束縛的自由等等……

日本小說家內田魯庵則說：「無論在哪個國家，處於什麼時代，都存在著遊民。然而，一國中存在遊民，絕對不是值得擔憂之事。」

當老闆就是上流？當「遊民」才夠上流！

初看這部日劇時，才看了半集就放棄。一次裸辭後參加大學好友的婚禮，同桌的人互不認識，隨口搭話閒聊著。我說起自己現在是無業遊民，一位新銳陶藝家說：「我也是，但我是高等遊民。」

「高等遊民是什麼？」我問。

「直白地說，就是啃老族。」

「那我沒得啃還要養兩老，所以是高高等遊民囉？」會這樣回，表示我真的沒看日劇。

陶藝家禮貌性地笑回：「如果沒上班就是遊民的話，我當遊民長達十幾年了……」

「真的嗎？好羨慕！」

「是啊～我依靠上班體制的時間，大概只有幾個月……」

喜宴過後，我一口氣把日劇看完。毀三觀的男主角令人費解，「高等遊民」只是他不想工作的華麗藉口吧！無法依靠勞力而存活於世，只能寄生別人，談什麼情操都是空話。那時我的情緒可能伴隨著一絲絲的羨慕嫉恨。自幼家庭環境不好的我，沒人能依靠，很自然地被社會主流價值意識綁架著，認為人生就是要努力追求名利，才能過上「成功人士」的生活；功成名就後，才不會被人看不起；新聞上那些很年輕就創業的老闆，被奉為是成功人生的典範、幸福的樣本。

愛情也是，理想情人的標準是「三高」，收入高尤其重要。會賺錢不只代表有能力，更代表有追求、有目標、有觀點、有肩膀、有執行力，而且認真負責又對社會有貢獻。反觀那些廢柴、啃老、媽寶，直接列在拒絕往來戶的本子中，並附帶日劇男主角媽媽對他說的那句話：「你本身的存在就是一種羞恥啊！」

再次重看時，驚訝於自己心態的轉變，更贊同劇中男主角所說：「人的活法沒有對錯之說，該予以尊重……」，不管成為老闆當上CEO，或是追求自己的小確幸，都不該被他人定義怎樣才是成功，更不用對自身的想法過於非主流而感到奇怪，甚至是覺得丟臉。多年後，我發現該羞恥的是自以為「有名有利才叫成功，有錢有權才有價值」的想法。那種「高等遊民」的心態，才是最上流的活法，讓我心之嚮往。

「社畜小姐」進化史

還沒有接觸全新的生活方式之前，我也跟大家一樣，慢慢地被社會教化成一名敬業的社畜。

初進職場，主流意識就是：熱情努力的好職員就該瘋狂加班。每位老闆都會說一句：「公司就是大家庭。We are family！（再搭配上搭肩搖擺）」

Team Work（團隊合作）的表現，取決你分配多少時間給公司。追求工作和生活平衡，渴望「準時下班」的心態會被視為懶惰、打混摸魚、不負責任的象徵。

颱風天上班，真是上進？

記得第一間公司難得放一天颱風假，卻被同事騙去上班陪坐。我非但不生氣，反而覺得：「同事們的感情真好，我們好有團隊意識、好上進喔！」

當時我是某間傳播製片公司唯一的女員工。入夜後，公司員工與導演們紛紛鑽進烏煙瘴氣的地下室。原以為要開創意會議，卻是啤酒成箱成箱地開，配上一根根點燃的菸。雲霧繚繞、酒氣沖天，導演們使喚攝影助理去買鹹酥雞當宵夜。後輩不敢拒絕，於是當起了酒店小弟，我就變成了陪酒小姐……兼行動空氣清淨機（？）

每天下班時間平均從凌晨十二點起跳。室友對我說：「你是一個月領十萬嗎？需要這麼拚命？」這句話真是刺痛了我，我大概入錯行了！去當傳播妹，薪水才配得上我的肝與肺。

在當廣告文案前，設計系畢業的我做過很多工作。從製片公司助理、平面與網頁動畫設計師、設計業務到行銷企畫，每份工作我都拚到回家只能癱倒。某間設計公司的客戶晚上十一點多打電話來改稿，最後還說：「我就知道妳還在。妳一定沒男友吧？為何不管多晚妳都在？」

別人做到十一點，我就寫到三點

二十九歲時，我任職某集團的行銷企畫。工作表現良好，創造一個在低谷中難得賺錢的品牌，晉升為行銷企畫部總經理，卻毅然決然地轉職。

因嚮往廣告業的多樣性與影響力，我利用加班後的時間做作品集，四處面試了一年多，終於進入一間傳說中已倒閉的4A廣告公司（**編按：The Association of Assredited Advertising Agencies，指國際性有影響力的廣告公司**），成為一枚「老」菜鳥文案。

我抓緊每個丟idea的時機，極盡所能地表現自己。別人做到十二點，我就寫到三點。我心想，已經比別人晚進這個圈子，我要壓縮時間取得成果，比別人快一秒也好。在一次創意會議中，我急著了解為何不選擇我提出的想法，得罪了保守派的創意總監。他對我評價是：「不會走路就想飛。」才待了半年多，我就被Fire了。

進第一間廣告公司就被開除的我，傷心了一下，但沒有因此退敗，反而被燃起心中鬥志。當時有句雞湯文說：「化失敗為動力。」所以肯定是我不夠努力。某位女大師級的廣告前輩看中我的作品集，找我去做約聘文案。自此，我掉入一個又一個的加班地獄。喝雞湯喝上火的我告訴自己，千萬不能休息，要「報復性努力」，要比同期更快爬上位，要讓前老闆後悔他的決定。

很幸運地，大師推薦我到一間「得獎機器」的廣告公司，進到由一位年輕廣告大師帶領的部門。第一次接到面試電話，就嗅到詭譎的氣氛。人事部跟我約的面試時間是晚上十點？上網搜尋一下這間公司，第一筆跳出來的關鍵字是「過勞死」……但是，我還是不怕死地進去了！

睡了再上，繼續賣肝！

在這間號稱「日不落創意工廠」的團隊中，比初入職場更「精實」了！每天上午十點左右到公司，（以為早進公司就能凌晨十二點前下班，卻總是）凌晨三點或四點才下班，只要早退（提早十分鐘或比老闆早一步下班）就擔心被排擠，害怕隔天上班看到白板上的工作項目中，自己的名字被擦掉。

不成文規定是：周日要上班、過年要提早兩天上班暖身暖腦、一切都要有團隊精神。好朋友約聚餐，只能約在公司附近的餐廳，因為我吃完還得趕回公司繼續下半場，所以她們都把跟我的聚餐稱為「探監」。

有陣子流傳「晚上十一點到凌晨兩點是肝排毒的時間」，只要把握那段精華時間休息，就能以最有效率的方式睡覺。於是，老闆突發奇想設計了半夜三小時全員趴在桌上睡覺的「福利」，凌晨兩點再開燈起床要大家繼續挑燈夜戰。不過實驗了幾天，又恢復原樣。沒過多久，公司要進行內部裝潢，老闆跟大老們提議，為了讓員工有更好的上（加）班環境，增設數個附有舒壓抱枕的小睡區，廁所最好有淋浴間功能。這實在過分貼心呢！

公司旁是台北某知名高級酒店，常看到穿著禮服的小姐們在門口嬌媚地送客。有次凌晨五點多下班，經過打烊的夜店，巧遇正要下班的大夜班社區警衛。他忍不住問我從事什麼行業，為何比酒店小姐還晚下班，讓我一時語塞。

我也曾在計程車上大哭，像是電影中一夕間失戀又失業的女主角。女司機貼心地沉默不語，我在後座被眼淚鼻涕齊流到快溺斃，心裡想著這樣沒日沒夜工作到底可以得到什麼？諷刺的是，當時我做的廣告是在教人如何從日常中發現小確幸，現實世界的我只覺得大不幸。

曾有此一說，一般廣告人的時薪比麥當勞打工族還低，更比不上生意最差的酒店小姐。我想，廣告人會一直做下去，一切都是靠熱情支撐吧？

我想進化為人，好好生活

天堂路爬了一年半，終於鑲金又包銀，橫掃廣告獎好不風光。我頭暈腦脹眼前一片黑，從長期失眠演變為睡眠障礙。身體再累，躺在床上怎麼都睡不著，直到聽見凌晨五點的鳥叫才入眠。同事推薦我吃安眠藥，但她只要不吃藥就手抖，我則是「沒時間去拿藥」，就忘了這件依然沒解決的事。

「日不落創意工廠」改組後，我跳槽到台灣最好的廣告公司，當紅色大門的廣告文案。其實在紅門裡並不忙，六組傳統廣告中，我們是唯一一組數位廣告，並不是公司的主力。但是不忙反而更令人焦慮，晚上睡得更不好，成天想著……

「沒有案子就沒有作品，沒機會表現怎麼辦？」「沒得獎怎麼辦？在紅門還有地位嗎？能升遷嗎？能加薪嗎？」「不然跳去別組好了？但會不會得罪現在的老闆？」「我們這組最後不會被解散吧？」（我離職不久後，果然全組解散了）以上諸如此類的問題。

睡眠問題沒那麼嚴重，但依然存在。一年半後，我的身體出現狀況。一開始是鬼剃頭，過不久便像化療病人一樣瘋狂掉髮。

我只好辭職，以接案的方式半工作半休息，養自己的同時也得養家。一年半後，頭髮長回來了，存款卻歸零。

折磨到不成人形的高級社畜

當時，很多西進的同事邀約，於是我決定離開台灣去上海做廣告。會選擇前進中國，一方面是為了錢，另一方面則想看看廣告的不同玩法。二〇一五年底，我任職上海的紅色大門廣告副創意總監。殊不知天外有天，那才是社畜的極致巔峰體驗！當時中國大陸還不存在「躺平」文化，有的只是在狼性文化中瘋狂加班的廣告狗。

工作了幾個月後，我得到一次難得的夢幻出差機會——去巴黎總部參加五國創意研討大會。白天要參加腦力激盪會議，晚上要做上海公司交代的工作。我連續一周天天只睡兩小時，一回到上海，才剛落地老闆就來電，說什麼組內的文案是新人寫不出腳本，但是明天就要提案了。我只好在機場從行李箱中拿出電腦，上演一齣「什麼時差都不影響，整座城市都是我的辦公室」的戲碼。一搭上計程車就開寫，一路寫回到老房的租屋處。天寒地凍下著雪，偏偏月事也來湊熱鬧搞得肚子劇痛。室內暖氣不給力，溫度計顯示零下兩度，我只好抱著電腦蜷曲在床上繼續寫到凌晨……真希望這只是一場夢！

輾轉進了其他幾家廣告公司，才發現紅門的工作量只是前菜。手上同時有七到八個提案是正常的，而每件案子需要提出兩到三套解決方式，我最高紀錄曾在兩天內產出十六個提案。組裡四位同事加上外援的兩位朋友，七人十四手連彈，驚心動魄地完成任務，差點開了天窗。

在每分每秒緊抱電腦，瘋狂至極的廣告業中，被社會操練近二十年後生存下來的我，已被打磨成精緻的高階社畜，幾乎看不出自我的原形了。但那種自在的遊民生活，卻悄然在我心中萌芽。

我想進化為人，好好生活，找回人生的自由。那些社會地位、工作成就、世故技能就必須相應退化。

現在，我很高興從「社畜小姐」進化成「遊民小姐」。

就算明天世界末日，也想這樣過一天

辭職後，決定再也不上班的那天，就是我當上遊民的第一天。

我花了半年旅行，再休息了半年多。經過這段時間的摸索，何其幸運擁有看似容易卻得來不易的一天。

從井底之蛙到探索世界

社畜時期的我每天都睡不飽，雖然很渴望當上遊民後可以睡到自然醒，實際上卻意外地早睡早起。沒有刻意調鬧鐘，身體便按天光亮的程度自然醒來，夏天會比冬天早一點。連我養的貓也是等到我起床，才會來撒嬌討食。餵完貓後，就先喝杯溫水清腸胃，伸展一下就出門快走或慢跑一小時，邊運動邊搭配有聲書。

成為上流遊民一年，讀書量就超越過去五年的量。以前的我只喜歡看類型書，像是人文生活、推理小說或輕散文，或是看工作需要的書。但現在的我竟然對世界經濟的運作、金錢的運用、心理科學類的書籍充滿興趣，像是打開一扇扇大門跨出去探索，用更多元的角度、更廣闊的維度去看同一個「全新」世界，我才體驗到：「啊～原來發生著好多我不知道的事情！」

剛擺脫社畜身分時，一度興奮地計畫去紐約留學。我甚至都上網蒐集好資料了，但冷靜思考之後，我自問：「就算拿到ＭＢＡ又如何？我沒有要找更好的固定工作或升到更高的職位，也不想要光宗耀祖、衣錦返鄉或上網炫耀，更沒有訂下參加檢定考試之類的高遠目標。我要的只是深度旅遊，在旅行時跟外國人有更好的交流，或是偶爾老外來問路求助能給予幫助而已。」社畜生活已經緊逼我二十年了，只想悠閒生活的話，實在不必把自己逼得太緊啊！以「旅居」兩到三個月的方式也能實現願望。於是，我很快就斷了留學的念頭，愉快地開啟早晨半小時的語文學習，心裡突然輕鬆許多（笑）。

於是，運動結束洗完澡後，我就運用免費的語言學習應用程式，如Duolingo、Cake等，來讀日文跟英文。這兩個程式的好處是一直送寶石、星星來激勵使用者打卡。身為打卡控的我，再怎麼懶散都不想漏掉一天。一天花個十至二十分鐘，輕輕鬆鬆就累積了九百多天的紀錄。雖然現在的語言能力不是非常厲害，至少每一天都比前一天多學了一句話。

從睡不著到一覺天亮

當然，吃飯在遊民的日常是件非常重要的事。之前研究過坊間流行的「一六八間歇性斷食」，親身嘗試後覺得不錯，幾乎完全改善我一餓就手抖的低血糖症狀。於是，我一邊播放新聞，一邊做早餐，再泡杯拿鐵，盡量控制碳水量與營養攝取均衡。沒有沉重的工作，熱量消耗很少，通常一日兩餐就很飽（難以想像以前的我是個大胃王）。如果當天有工作要處理，我依然會慢慢地吃完早餐才開始進行。目前手上有個固定的品牌推廣案子，但一天的工作時間基本上不會超過兩小時。沒工作要處理的時候，吃完早餐差不多已經中午了。自從當上遊民之後，終於不用再寫賣貨促銷的廣告文字，只是單純地寫生活、寫想法。這種自在的感覺真是難以言喻地開心。

時至下午，該是「遊手好閒」的時候了。天氣好的話，我會出門玩，爬山、散步、看風景、騎單車，發現很多徒步路線與不同花季的變化；天氣不太好的話，雨若不大偶爾會撐傘出去散散步，要是下大雨就在家玩貓、看日劇、看電影。

以前很討厭打電動的人，覺得浪費時間（因此分手了前男友）。當上遊民後，卻迷上手遊 Candy Crush，每天都要玩一小時，也會碰一下復古的任天堂遊戲與拼圖。散步跟拼圖真是人生最奢侈的兩件事，不用隨時管手機跳出的訊息，也不必知道現在幾點，帶著「反正明天不用上班」的氣息漫無目的地進行。就這樣揮霍著大把的時間，一片片找出對應的小方塊，再組成一張完整的圖。

如果晚餐時間還在外遊盪，就簡單吃個便當，偶爾才去新開的店嚐鮮；要是待在家，就煮些自己愛吃的菜，多半是方便又好吃的大鍋湯類料理。

我很喜歡傍晚的天空與四季的變化，甚至會為了看夕陽而提早吃晚餐。夕陽雲朵與天光交織下的多重變化，不同的花與植物因應四季綻放與生長。世界的顏色、光影的流動、植物的搖曳，真的是每天都看不膩。

洗澡後只擦凡士林，因為肌斷食完全不用塗抹保養品，不到十分鐘就躺上床讀點書，然後十一點左右睡覺。我原本是一覺到天亮的體質，但上班時被搞到出現睡眠障礙。花了一年多調養身體，現在反倒很少失眠。我滿想感受睡回籠覺或午覺的爽度，但一睡了，晚上就會睡不著，況且當上遊民後的日光那麼美好，我捨不得睡掉。

周一從藍色變成金色

我喜歡旅行，會以短期旅居的方式慢慢認識城市，感受當地生活。旅居時，基本上也會以這樣的作息生活，並在一周計畫兩天的「假日」。

社畜時期最喜歡周末，然後周日晚上心情開始變差，周一變得最煩人。現在風水輪流轉，周一從藍色變成金色。因為周一是非假日的開始，除了圖書館沒開，其他都是優點：非假日人潮減半、遊客少很多，兩天一夜小出遊的品質大提升。

大家的連假反而成為我的困擾，尤其是過年，到處大排長龍，過年的聚餐也彷彿成為一種另類工作，讓我羨慕起除夕初一能在便利店吃泡麵的路人。或許他們覺得很孤單，卻擁有我想要的自由。

自從移居山區後，每趟來回台北，一次都要花三至四個小時。偶爾跟朋友約吃飯，常常聊一聊，一天就沒了。不過每次聚會我都很開心，因為我很珍惜這個年紀能留下來的朋友，常聊荒腔走板的職場故事。這就像男生老愛聊當兵往事，明明絕對不想體驗第二次，但意外地很有笑點。隨著當遊民的時間越長，「社畜」的痛苦已經幾乎要淡去，留下來的都是有趣的回憶。

回想一下過去，更讓我珍惜現在。

「錢都流向了不缺錢的人，苦都留給了能吃苦的人。」

——英國哲學家，伯特蘭·羅素（Bertrand Russell）

第 2 章 ○○○

上流遊民的
力爭上游之路

第1站

自由自在

「籠裡出生的鳥，認為飛翔是一種病。」——智利導演，佐杜洛夫斯基（Alejandro Jodorowsky）

告別了社畜小姐的身分，終於拿回人生自由，現實卻不是王子與公主步入禮堂的圓滿結局。時不時接收到鄰居、朋友與管理員好奇的眼光，放出各種電波說著：「妳要廢多久？」「都不用上班啊？」「成天無所事事閒晃，到底在幹嘛？」「她是啃老族還是靠老公養？」「在做什麼不正經的工作？」我忍不住想以「當年勇」的職場努力奮鬥史反擊，還要不經意露出豐厚的得獎經歷又裝得雲淡風輕才高級。但最後我只是微笑以對，因為現在就是我努力而來的「理想生活」。

我想加入**時間最多**、**自由度最高**、**包袱最少**、**壓力最小**，**以及與社會連結度最低**的那群人。啊！這不就是「遊民」嗎？原來我已經是擁有這美好身分的其中一員了！那些帶著標籤的眼光對我來說，已然是種讚許與羨慕吧？

然而，我曾經也以鄰居、朋友、管理員的角度看待「遊民」。我跟隨主流意識認定他們就是一群不努力、不上進、不負責任、好吃懶作、不務正業的社會邊緣人。上半生太過自由、太享樂、太散漫，下半生才會睡公園。但是當我急奔在人生高速公路上，卻是這些遊民的「負面」特質讓我第一次慢了下來，心靜了下來，認清自己想要什麼，還有什麼樣的生活才是「好」的。從不同角度來看，「遊民＝失敗」其實都是大眾的刻板印象而已，就跟「處女座的人很龜毛」「女生開車技術不好」同樣是種標籤。

落髮、早禿、鬼剃頭，我想要留住頭髮的自由

我從沒意識到身體跟大自然一樣，操之過急會全力反撲。二〇一三年聖誕節前夕，因為去染髮，我才發現自己的身體出了狀況。設計師很驚訝地說，我的後腦勺從左下方連接到脖子處有好大一塊空白！是斑禿，也就是俗稱的鬼剃頭！她叫我等等一定要去看醫生，然後就又繼續染髮（這時不是應該收手嗎）。染到一半，她幽幽地問我：「妳……是做什麼工作的？」

鬼剃頭！月經失調！這些對我來說像是年收上億的藝人或大老闆才會出現的症狀，但我只不過是個才轉職廣告圈幾年，月薪四萬出頭的小文案而已啊……事實上，當時的我並沒有多緊張，因為從小到大頭髮多到讓我覺得是種煩惱：吹頭髮就得耗上一個多小時、下雨永遠淋不濕頭皮、一隻手無法圈住馬尾、總想把頭髮弄扁一點……只是掉了一塊，依我的髮量還能遮。我先去台北醫學大學附設醫院做了切片，沒找到原因。不以為意的我，聖誕節假

期還來了趟台南小旅行。

落葉太美不捨看，落髮太猛不敢看

旅行回來後，發現頭頂又禿一大塊。難道才三十三歲，我就要頂著阿伯的地中海髮型了嗎？不到一周，彷彿癌症患者出現化療副作用，吹個頭髮卻滿地落髮，很是怵目驚心，連地中海髮型都快留不了。再換了家西醫，開始吃類固醇、為頭皮擦藥。此時頭髮掉了五分之三，曾經髮量爆炸的我才終於開始擔心，下雨時會反射性地遮住頭。但頭髮是早已死了心的前任，分手很絕情。難道這次我要變身成電影《魔戒》的角色咕嚕嗎？一位朋友說，某位年輕女子曾經出現和我一樣的狀況，但頭髮永遠長不回來了，終身戴假髮。這真實案例嚇得我再度轉看中醫。

「妳壓力很大喔？只能說妳身體很好哩，這種長期的作息不正常，很多人都直接倒下了，妳只出現掉髮的警訊？」老中醫說。

「我抗壓性應該很強啊！」我不服地爭辯。

「那只是妳心裡這樣想，其實身體已經承受不住了啊！」

到現在，掉髮的原因仍是個謎。朋友們眾說紛紜，上網查很多資料也仍沒有確定的答案。我只知道自己一直處在長期沒睡飽的狀態，形成睡眠障礙。失眠不只讓身體機制中斷、缺乏營養，更造成情緒問題、皮膚變差、內分泌與自律神經失調，甚至引發憂鬱症。睡眠比我們想像中還重要，醫學界也很早就證實，睡眠和免疫力的關係相當緊密。研究更發現長期睡眠不足和肥胖、糖尿病、高血壓和心血管問題等慢性病之間有高度的關聯性。

跟身體和好，頭髮重回懷抱

於是，我辭職了，開始每天清晨五點起床跑步五公里。一公里的路程從十多分鐘，到後來只要五分鐘。這時我意外地發現，不只睡眠障礙沒了，睡眠品質還變好了。一年多後長回濃密秀髮，雖然髮量好像比以前少一點點，但這就是成長的代價吧？

重回職場後，在上海廣告圈的高壓環境中工作五年多，我盡量不熬夜，寧願凌晨四點起床工作，也不想凌晨十二點後睡覺。周遭幾乎每個人都曾有過睡眠障礙，更遇到不少二十多歲就落髮早禿的後輩。當時的新聞焦點都說「三十歲是早衰的一代」，有些人更因長期睡眠障礙加上不正常作息，罹患輕度到中度的憂鬱症。

我常讓組員放黑假（用加班的時數抵扣，不用正式申報請假）。無論是什麼原因，我都很通融，但這樣做卻忤逆頂頭某位上海老闆，老是找我「訓話」。

「叫你組員全部給我加班到天亮才是真的有在『做事』！」

「不准放黑假，叫他們去問哪家廣告公司不加班？每家都加班到天亮！」

「什麼？因為憂鬱症請假去看醫生？拜託誰壓力不大？我壓力更大！再請假就叫他滾！」

我的年輕組員們都很挺我這個小老闆，時不時擔心我被誤會。我尊重每位組員的工作方式，比我早下班也沒關係，大家輪流休息才能走得久。即便遇上好多艱難時刻，我還是依循自己的理念原則做事。這大概是身為社畜老前輩而產出的強大同理心吧！

至此之後，我沒再掉過髮，而且生氣與抱怨變少，心情也相對平和。某家公司的同事還封我為「脾氣最好的創意總監」。當上遊民後，我更是發現自己多半很平靜。當然，我不是成佛了，只是找到情緒轉換的開關，更理性地去面對問題。以前種種身心健康的問題，竟然在調整睡眠後就逐一改善了……

啊！原來睡飽就好了啊！

無所事事才是真本事

有陣子，台灣很流行「小確幸」一詞，導致年長者認為年輕人沒有大夢想、沒有遠見。廣受年輕人喜愛的匿名交流平台Dcard，有集街訪的主題是躺平族。受訪的年長者說：「他們就是一群愛玩、貪圖享受，沒追求的年輕人。」

他們看不慣躺平族，叨唸著這些人太過自我，毫無進取心。但上一代也曾是上上代口中毫無抗壓性的草莓族、水蜜桃族，當他們已然成為社會的中流砥柱及……年長者，每一代的不滿卻仍像婆媳戲碼無限循環。就連遠在兩千年前的哲學家蘇格拉底（Socrates）也這樣說：「現在的年輕人喜歡奢侈，他們行為不端、蔑視權威。」

「努力不一定會成功，但不努力一定不會成功。」整個社會都在迫切地追求成功，而所謂的「成功」究竟是什麼？是成為富豪還是躋身名流？或是手握大權？但重點是——成功，就會幸福嗎？

「遊民」毫無疑問地是社會定義中的失敗者。其他人努力爬著階梯，他們卻是擺爛溜滑梯。

在我掉髮被迫休息的那段日子裡，曾觀察很多街邊的遊民。某位睡在陸橋下的先生不是低頭找垃圾，而是常常抬頭看，像在觀察天空與飛鳥。陽光透過橋墩縫隙形成一道銳利的光芒，像聚光燈般打在他發黃的衣服上。那一瞬間，我彷彿看到古希臘哲學家。在《無家者：從未想過我有這麼一天》這本書中，我看到遊民的真實側寫。他們其實跟我們大家一樣，努力過也跌倒過，奮鬥過也挫折過。不是不想爬起來，更多時候只是際遇問題。他們多半有著隨遇而安的性格，在他們的小日子裡比我們更常充滿笑聲。

「**你想幹什麼？我想遊手好閒。**」文學家威廉．毛姆（William Somerset Maugham）說。

只是這樣簡單地仰望天空，就讓我羨慕不已，因為我只能抬頭看天花板、低頭打鍵盤。如果成功不是以金錢名利為標準，而是以其他標準來衡量（如自在或逍遙），遊民就是最好的傳道士。有時候「好吃懶做」一點，不必事事都要馬上行動；「遊手好閒」一點，不必用行程塞滿一整天，如此另類的生活藝術家，才是懂生活的高手，更是我心中最成功的人生模樣。

比股市套牢更可怕的，是人生套牢

F.I.R.E.（Financial Independence, Retire Early，經濟獨立，提早退休）運動鼻祖之一的雅各．菲斯克（Jacob Lund Fisker）說：「最終，我解決了如何逃

脫『賺錢—消費—賺錢—消費（並過上有趣生活）』這麼一個循環問題。」

他提出一個觀念：套牢（Locked in）。**大部分的人從生活、消費，甚至價值觀，都陷入體制化，被套牢在一個系統性的死循環中，不知不覺成為「薪資奴隸」**。

美國暢銷書作家納西姆．尼可拉斯．塔雷伯（Nassim Nicholas Taleb）說：**「最有害的三種癮：毒品、碳水化合物、月薪。」**（The three most harmful addictions are heroin, carbohydrates and a monthly salary.）

在亞洲的職場文化，除了月薪，更多時候是被套牢在人際關係及欲望利益的蜘蛛網中無法自拔。纏繞糾葛中，發現時已過了一生。

那些被老闆套牢的日子

我也曾經受困其中，被各式各樣的老闆套牢。

以販賣創意為主的廣告圈，身為廣告人要產出獨特觀點，就得先打破大眾偏見，因此老闆（創意總監）的個人風格就很重要了。這時「選組員」就跟「挑伴侶」一樣，必須要理念一致、願景相同、三觀契合，才能共創出風格一致的好作品。

因此風格越強烈的老闆，找組員越是挑剔。因為他們交付的不只是工作，生活也要交流，更要能交心。如此一來老闆要的不只是員工、不只是朋友，還自私地想要一點點「全身心」奉獻的靈魂伴侶，藉此霸占二十四小時的公私生活。

創意總監聽起來很威風，瘋狂加班的理由聽起來很熱血，實際上這些老闆只是不想回家的中年男子。他們一手滴蠟油、一手發糖果，有的公司甚至真的準備了零食和香蕉，把員工都變成糖果屋的兄妹與猴子，被套牢在無止境的加班深夜中。台灣的職場潛規則讓人不敢準時下班，老闆更擅長溫柔的PUA（Pick Up Artist，搭訕藝術家）招式。除了口氣溫和地拍拍肩說：「你有點讓我失望……」，他們更常「公私不分」。

「不想回家顧小孩」「回家就會莫名煩躁」「太晚回家會被老婆唸，所以要等老婆睡著」「回家就要陪家人不能打電動」等各種神奇理由與話術，讓他們的婚姻如同一場行為藝術。老闆沒下班，底層員工肯定不敢走，於是工作會議順理成章地穿插在晚上十一點、凌晨兩點，或是安排小組會議、檢討會議、約談會議等等……

沒有什麼會可以開的話，男生陪玩、女生陪酒、全員陪笑。漫漫長夜，一場又一場的電動瘋狂打怪消耗精力後，更可怕的是宵夜場。陪酒走神事小，身材走山事大。我曾經很豪邁地以減肥為藉口拒絕宵夜場，心想「回家啃枕頭豈不更香」？得到的就是隔天工作白板上被消失的名字。也就是說，我直接從重要工作中被剔除了。

因全球新冠疫情掀起的遠端會議模式，讓台灣（大部分的）老闆痛苦萬分。他們不僅失去了親自掌控的權力、失去了本該有的生活模式，還受困在（有老婆、孩子的）家中。員工脫離他們的眼皮底下，讓他們隨時充滿宛若流沙從指縫中流走的焦慮感。

上海老闆比較追求成果，也「適度地」讓員工自我管理。糖果給得豪邁，工作量給得更大方，可能需要十個自我才管理得了啊！鞭子從不離手，詆毀教訓當「鞭策」。大概是狼性文化根深柢固，得極力維持霸道總裁的形象。他們才是PUA的王者。

女主管多半好一些，但記憶力都相當驚人。我曾遇過很愛深夜談心的女老闆，從工作的奮鬥史聊到幼兒園的感情史。有次講到天已經微亮了，我眼角激動得熱淚盈眶。那不是感動，而是忍住上百個哈欠後累積而成的淚水。要是我成了她故事中的人物，可能會演變成抓交替的談心儀式，害下一位繼續深夜淚流。

我也曾遇過兩位新加坡與馬來西亞的老闆，風度翩翩、高大帥氣。下班時像是拍廣告一般，披上外套、戴上墨鏡、牽著單車，準時在晚上七點揮手說：「Girls~see you tomorrow !」（女孩們，明天見！）跟台灣老闆相比，他們實在魅力爆表了吧！他們揮揮衣袖，從不帶走……一張工作單，留下堆積如山的待辦事項與焦頭爛額趕工的我們。有次快要開天窗，客戶殺到門口等提案，老闆卻老神在在地站在我們電腦後：「快好了吧？」他瀟灑如徐志摩，從不留下來「幫忙」，甚至連簡報都是提案前五分鐘才看。女客戶們對老闆很是癡迷，一現身就送上迎接巨星般的尖叫。老闆則是用招牌手勢與甜言蜜語，控制著客戶們眼裡的愛心，以及我們的黑眼圈。

不過他們殺起來也沒在客氣。只要沒戴上花癡級別的崇拜小眼神，而是認真想要釐清問題的核心，他們就馬上記恨在心裡，然後翻臉如翻書，換上繼父臉孔找機會想辦法換人——換上能崇拜他的下屬與迷妹，才能維持夢幻王子的人設，持續源源不絕的無限勞力與腦力供應。

英美老闆通常比較注重個人的工作與生活平衡。好處是不用等他們下班，他們自己就非常準時。比起台灣老闆拐彎抹角的態度，他們顯得非常直來直往，更喜歡員工表現傑出時，為自己主動爭取加薪或福利。他們糖果給得乾脆，裁撤決定時卻也果斷不留情面，一切以公司整體利益為考量。

人生不是兩點一線，而是面向美好生活廣撒網

一般上班族不只被老闆套牢在公司，還要被（狂催魔人的）客戶、（倚老賣老的）前輩、（不協助就出包的）後輩等糾纏。在婚禮戴上婚戒，套牢的是攜手下半輩子的另一半；現實生活中，套牢我們的不是股市，而是無止境的上班和加班。上班回家兩點一線，人們跳脫不出這樣的老鼠迴圈，被套牢在一眼望盡的人生。

時間一久，不只喪失生活能力，更可怕的是患上「斯德哥爾摩症候群」（Stockholm syndrome），出現人質愛上綁架犯的情結，最後以愛之名，心甘情願成為工作奴隸，被徹底控制一生。

「你寫簡報時，阿拉斯加的鱈魚正躍出水面；你看報表時，白馬雪山的金絲猴剛好爬上樹尖；你擠進地鐵時，西藏的山鷹一直盤旋雲端；你在會議中吵架時，尼泊爾的背包客一起端起酒杯在火堆旁。有一些穿高跟鞋走不到的路，有一些噴著香水聞不到的空氣，有一些在辦公室裡永遠遇不到的人。」

離開辦公桌的風景很美，離開公司的世界很大。身為資深辦公室囚徒的我被眼前這組文案擊中心臟！因為太嚮往這段文字中的世界，主動去認識作者。

這是在中國大陸廣告圈一對創意組合，文案加上美術：兩位男生在三十歲前離開廣告圈辦公桌，他們所創立的淘寶女裝品牌「步履不停」，不到半年便紅遍圈內圈外，穩坐文青界寶座，成為十年以上的品牌。我們雖然沒成為夥伴卻成了朋友，我從他們身上得到不被體制綑綁，勇敢出走的力量。

在上海紅門集團工作的尾聲，很幸運地參與到執行創意總監（Executive Creative Director, ECD）J 先生的離職演講。約莫四十五歲以上的他，是全球百大創意的印度型男。他花了好幾年與朋友共同創立一個網站，毫不保留地貢獻畢生精華，讓想進廣告圈卻沒錢沒資源的年輕人可以免費學習。沒人知道他留下這些，未來會怎麼走。他帥氣地說：「首先，我要去全球旅行一年，其他的之後再說。」一年多後依然沒人知道他的行蹤。有次從廣告報導看到一張他站在瀑布前的照片，露出從未看過的開心迷人笑容。

辦公室鐵花窗外的世界，有魔法。

數位化帶來新自由，遊民化才是心自由

所謂的自由是什麼？阿德勒（Alfred Adler）說：「所謂的自由，就是被人討厭。」但前提是——**被人討厭了還活得下去**！我想，能活得獨立自主，身心都滋潤，這才是真自由吧！

「徐雲——流浪中國」是一位九〇後單身男子騎乘單車至中國各地的頻道。他不去觀光收費的熱門景點，每天的行程就是介紹所見所聞、自然風光、沒落小鎮、無人廢墟、荒廢工廠、互相幫助的路人……再找地點露營、搭帳篷、生火做飯，早上再收帳篷與裝備，騎著單車上路。偶爾遇到狼群、找不到露營地、車輪爆胎、山洞中沒路燈、路人圍觀……他很少抱怨，總是挽起袖子立刻解決或心平氣和地調整步伐。他從不說自己的事，只說著腦中的知識。他曾說這種生活不如大家想像中的自由自在、精彩豐富，更多的是單調與孤獨，他卻喜歡這樣每天重複地開帳—做飯—睡覺—收帳。沒有把日

子過成詩的浪漫，更稱不上「旅行」，而是真實地過日子。

他只是單純地喜歡獨自騎行。一年多後花光積蓄，才想著要拍片上傳影片分享平台「嗶哩嗶哩」（bilibli.com），希望能有點收入支撐下去。完全不會拍片、剪片的他，自學胡亂上傳影片。前三個月的觀看人數寥寥無幾，入不敷出。直到有天，全身上下只剩一個銅板，他必須好好思考是否該放棄回老家。此時新加坡網友的一筆資助進帳了，讓他得以繼續。一年後，他收穫百萬粉絲。

從窮困潦倒，晉升到不用為旅費發愁，有崇拜粉絲也一定有批評酸民。面對質疑他不求上進、沒有生產力，甚至對促進社會經濟毫無貢獻的聲浪，他淡笑著回：「這世界有原始的生理需求，所以需要糧食；吃飽喝足後就會有精神需求，同樣需要影片、電影、書籍、音樂等。我做的是創造精神糧食，一樣也有貢獻。」他始終不稱觀眾是粉絲，而是朋友，因為他並不是偶像。

二〇一八年，在蘇格蘭的鄧巴鎮（Dunbar）一樣有位年輕人迪恩·尼可森（Dean Nicholson）從家鄉開始騎行，展開環遊世界之旅。他在蒙特內哥羅（Montenegro）與波士尼亞與赫塞哥維納（Bosnia and Herzegovina）之間的山區邊界，騎在偏僻公路上時偶遇一隻小貓。因為這隻小貓的出現，開啟了他不一樣的人生。他不忍心丟下牠，就帶貓咪去醫院，隨後辦理寵物護照領養牠。一人一貓一單車的旅行故事感動無數人，至今影片觀看次數超越一億三千萬。二〇二一年出書《Nala's World，最幸福的旅程》（*Nala's World: One Man, His Rescue Cat and a Bike Ride Around the Globe*），記錄一路以來的冒險歷程。至今，他們的旅行依然持續中。

我們都在試著尋找怎麼做才能不被套牢、什麼樣的生活才叫自由。我們需要「跳脫」，一步步「跳脫」每個環節，從社會賦予我們的角色、個人的消費行為、職業到生活等等，才能打破迴圈。人生不是馬拉松，總是在同一賽道裡競逐，我們也可以在路邊找棵漂亮的樹，隨性野餐。

炒房跟炒股，我只能被炒魷魚？

從小到大我做過很多工作。國小時我喜歡畫漫畫，班上有錢的同學會花十元跟我買單張漫畫；再大一點，我拖著媽媽跟姊姊一起做家庭代工，無奈她們退件率很高，常常一下午賺不到一碗陽春麵的錢。寒暑假打工時什麼都做過，不管是賣童裝、賣蛋糕、當飯店與酒吧服務生、代課老師、遊樂場的工作人員，甚至也去蠟燭工廠上班、發傳單、做美工等。

小時候工作是為了賺零用錢，長大後則是出於好奇心、喜歡嚐鮮，設計系畢業的我做過製片助理、平面與網頁設計、設計公司的業務、品牌的行銷企畫、廣告公司的文案，曾斜槓在網路上與地攤賣衣服，在裸辭之間自創過幾個品牌。

國小時換了三間學校，長大的我也不遑多讓，二十四歲那年就換了四家公司。不是老闆跑路，就是跟情婦外遇私奔。我把這一切歸咎於那年犯太歲，以為這已經是人生波動的最高峰，殊不知層層山巒，波瀾萬丈。回頭算了一下，我竟然曾經被十三間公司 Fire 過。如果被公司開除就代表失敗，那我的人生還真是失敗至極。拚盡全力工作，最後卻被開除，前幾次真的無比尷尬且陷入無盡自責，但也因此逐漸清楚自己的個性，始終無法受限於公司的體制規範。

在多變的市場中，很多時候被開除真的不是員工的錯，多半是大環境景氣壞，或是公司本身營運就出了問題。我曾遇過剛入職不到一周，公司就掉了一個千萬大客戶。想當然，就拿新進的（高薪）主管開鍘；有時則是找不到對工作的熱情，無法融入公司文化、產生向心力。也有少數幾次是過於直話直說的性格得罪直屬上司，畢竟在廣告圈，多數人的創意自我意識較強，偏偏有些主管喜歡乖乖聽話、靜靜執行的員工，只雇用一雙手而不是整個人。

當上主管後，我也遇過自我意識很強，能力卻跟不上的下屬。直到那時候，我才懂得要開除一個人，比自己被開除更難。但多次被開除的經驗讓我深信，離開往往是更好的開始。

時尚女魔頭開口，我建議大家都被開除

廣告圈有位重量級人物幫我背書（揹鍋）——英國的廣告傳奇創意鬼才保羅．亞頓（Paul Arden），號稱只錄取被開除過的人。他不只一次說：「被炒魷魚是好事。」「不要待在同一份工作太久，被炒魷魚吧！」他自己總共被開除了五次。沒被開除過的人，代表跟公司體制和諧相處。對他來說，這樣的人太乖、太無聊，不夠衝撞、不夠積極，更不夠進取。

電影《教父》（*The Godfather*）的知名導演法蘭西斯．柯波拉（Francis Ford Coppola）也曾說：「你現在被炒魷魚的原因，會在三十年後讓你獲得終身成就獎。」

最有名的Fire事件，應屬史蒂夫．賈伯斯（Steve Jobs）在三十歲時，被自己一手創立的蘋果公司（Apple Inc.）開除，最後自己成了老闆再逆襲買回蘋果的故事。NBA職籃達拉斯獨行俠（Dallas Mavericks）的老闆馬克．庫班（Mark Cuban），也曾因為開發潛在客戶而遲到，卻慘遭老闆開除；寫出暢銷世界的作品《哈利波特》（*Harry Potter*），作者J．K．羅琳（J. K. Rowling）更因為成天構思故事，沒專心工作而被老闆開除。

《時尚雜誌》（*Vogue*）的主編安娜．溫圖（Anna Wintour）曾說：「**我建議大家都被開除**。」她的第一份工作是《哈潑時尚》（*Harper's Bazaar*）的菜鳥編輯。因為過於前衛，九個月後主編叫她捲鋪蓋走人。就連美國脫口秀女王歐普拉．溫芙蕾（Oprah Gail Winfrey）與流行天后瑪丹娜（Madonna），也都曾因為意想不到的理由被開除。

被Fire那麼多次的我，瞬間感到光榮了起來（？）

職場上有太多人為了房貸、為了養家而忍氣吞聲，把自己變為心口不

一、只求安全牌的人。尤其是在廣告圈，客戶有可能很喜歡過於激進的點子，但更可能討厭太獨特的想法。因此標新立異是危險的，工作穩定永遠放在第一位；因此要絕對服從頂頭老闆與客戶，不能發生任何一點動搖到位置的事情。然而最終卻迎來相反的結果，因為廣告公司是以販賣創意為生的企業，若創意平庸到連客戶都覺得自己來也可以，這種過於安全的廣告人便失去價值。在老闆眼中，也認為老鳥跟便宜的新手沒兩樣，新手的新鮮肝可能更有價。無論哪一方都得不到好評價，結局多是被迫離開。

高情商的朋友常說我很大膽、勇於突破現狀，其實就是說我做事不顧後果、太衝動行事吧！比起委屈求全地累積資歷，我更想做自己，更想破圈看新領域。我也怕被開除，但我更擔心做一個「怕被開除」的人。

說走就走，也能從容不迫

「這世界最大的不變就是變。」我們早已不像上一代，待在同一家公司累積資歷才叫安穩。現在的我們就算隨時捲鋪蓋走人，也能走得從容不迫。擁有說走就走的能耐，才是長久的穩定。

二〇二〇年初的一場疫情，讓全球都明白：裁員是日常、中年危機會提早爆發、青年失業率會飆高。大家更體認到，今日機會明日再會，沒有長久安身立命的工作，只有能力可以隨時帶走。走出自己的路，才符合現代社會的生存必須條件。資歷只證明缺少了變動的能力，擁有不同經歷反而代表豐富的人生閱歷。

政府機關的公務員或老師是上一代的理想工作。如今，很多國家早就破產再破產，阿根廷都破產了至少九次，國家甚至發不出薪水；少子化衝擊下，老師族群早已成了流浪元老很久很久。「辭職」「裸辭」「轉換跑道」

都不能稱為冒險，上個世代的「漂泊者」，在這世代終成了「常態者」。

但是以前的漂泊者，反倒是現今的先驅。

十八歲在挪威商船當水手開啟跑船經歷，之後在泰國當中醫師、到印度從事鑽油工、去以色列放牧牛群，四處游牧最後落腳香港……這是杜可風（Christopher Doyle）青少年時期的映像。早年的漂泊經歷，成為他人生濃厚的養分，融入血脈之中，再幻化出獨特角度捕捉鏡頭，使他終成一代攝影大師。

而在餐廳打過工、做過流動農場的散工和淘金客、在舊金山當碼頭搬運工人的經歷，則是美國作家艾力．賀佛爾（Eric Hoffer）青少年時期的描繪。他的著作《狂熱分子：群眾運動聖經》（*The True Believer: Thoughts on the Nature of Mass Movements*）在一九五一年出版後，即被譽為是社會科學領域的經典之作。賀佛爾喜歡碼頭的搬運工作，一搬就搬了二十五年。他擅長從生活中觀察人性思維，許多啟發就是從搬運工的環境而來。

從破圈到退圈，再到自成一圈；從以前的被動遭開除，到現在主動選擇自己的道路，誰說只能單方面地等待被裁？多虧了網路，不依賴公司或集團後，人們的生存方式更多元。

現在，終於換我們 Fire 老闆了，因為只有我們才是自己人生的老闆。

不上班的日子更有聊

常遇到有人把「好無聊喔～不知道要幹嘛？」掛嘴邊。因落髮而辭職後，我一周會去合作的品牌店當兩次的代班店員。對面的咖啡店店長常找我聊天，從工作內容到交往六年的女友，他都覺得無聊。很想離職，卻又不知道該做什麼；很想分手，卻也不確定下一個是否更適合。本來我很認真地回應他的難題，後來才發現「好無聊」只是他的口頭禪。

說到「裸辭」，好一點的說法是率性，卻多被形容成任意妄為。我經常裸辭，換了很多工作。因為每份工作我都用盡全力，把自己搞得疲憊不堪，撐到極限時冒出想休息一陣子的想法，便立刻提辭呈，展開短則一周、最長一年八個月的休息。辭職時，有很多同事問我：「那麼久不上班不會很無聊嗎？」「不上班你都在幹嘛？我才一周就覺得好無聊。」說真的，我連一秒鐘都不曾覺得無聊。上班時卻有很多（沒必要）的會議、跟主管同電梯的寒暄語、（應酬）聚餐與（不能坐下來吃飯）的尾牙，常讓我無聊到想逃。

不上班的每一天，我很明確地感受到每分每秒為我所用，根本是成為遊民的預演！每天早晨自然醒來，不再需要睡眼惺忪地吃力按掉調了N次的鬧鐘。為此，我總是嘴角莫名微微上揚，像重新體驗怎麼做人：慢慢吃早餐、讀喜歡的書、看喜歡的電影和戲劇、去做上班不能做的事。三十四歲最長的一段休息時間裡，猜猜我在一年八個月內做了什麼？

- 到美國自助旅行四十天、到北海道旅行十天，第一次看到下大雪（以上兩次旅行花光三分之二的積蓄……）

- 故意找捷運附近的咖啡店坐著，原來不上班的人真多啊！
- 花兩小時做早餐，再吃到中午
- 在公園野餐、去野外露營
- 重看喜歡的電影跟戲劇
- 寫書法、寫詩、寫日記
- 慢跑，甚至第一次參加了十公里路跑（超累但拿到完賽獎牌）
- 在朋友邀約下一起做健康食品的品牌、與前老闆一起做二手衣品牌
- 一周當一次品牌顧問
- 參加台灣的 pinkoi 創意市集、香港的野餐創意市集
- 受邀參加品牌分享會、上文案課分享
- 共創的品牌登上時尚雜誌，並接受訪問，更與品牌夥伴開實體店
- 認識新朋友，老朋友則發現我寫的文案被對岸當成教材

欸？寫著寫著，怎麼覺得不上班比上班還「有聊」？做廣告文案十多年，不曾以個人身分接受訪問；只做自己喜歡的事，卻在兩年間上了好多雜誌與訪問，這是什麼奇怪的走向？我感覺自己身體充滿能量，體驗到上班沒經歷過的新鮮事，彷彿走出洞穴看到世界，這一切讓我更加確定——我要當上物質精神兼具的遊民！

重回職場五年多後，在二〇二一年一月底，我正式從廣告圈退圈。意味著從那天起不再上班。兩位上海朋友創辦的網易雲電台邀我上節目《你說的都對》，錄製一集「你被 FIRE 了！年輕人夢寐以求的生活，本期嘉賓做到了！」暢聊自己的理想生活，探討從我多次被公司 FIRE 到最後成為 F.I.R.E 族群的故事。

這電台是她們利用下班空檔創辦，當時粉絲數還沒超過一百人，去聊也只是好玩而已，沒想到陰錯陽差被電台小編選為推薦主題，最後創下電台史上播放成效最好的一集（收聽人次四十五萬以上），收到大量聽眾的反饋。

就連這本書的出版，也都是沒上班所帶來的美好收穫。

賺多少錢才叫財富自由？

「有錢財富自由，沒錢窮困潦倒。」這句話既是對的也是錯的。蒐集了多數人對於財富自由的回答。有人說要買一間以上的大房子、買一部新型重機、吃飯不用看價錢、想幹嘛就幹嘛。其中，最多人回答：「不想再為錢煩惱。」更進一步地問，要多少錢才能財富自由，是不是得財產上億？某位朋友點點頭，除了想幫父母在台北換房子、自己還要買新房。他從小因為自身優秀，一路從建中到台大都是資優生，身邊也圍繞著身價早超過十億以上的「成功人士」，讓他覺得追不上壓力很大，與周圍人相比只能算是餓不死的程度。我也問過一位上海的年輕老闆，他把自營的廣告公司賣給某集團，獲利約兩億五千萬台幣。我問他：「財富自由了嗎？」

「沒有啊，我有兩個兒子呢！」

「兩個兒子，一人一億不夠嗎？」

「怎麼可能夠？」

若有阿拉丁神燈，多數人許下的第三個願望應該是：「再給我三個願望。」人生這樣，真的夠了嗎？

財富若有標準，還自由嗎？

中國胡潤研究院（Hurun Report Inc.）二〇二一年發布《胡潤財富自由門檻》，顯示一線城市入門級財富自由的門檻是一千九百萬人民幣，二線城市為一千兩百萬人民幣，三線城市則是六百萬人民幣。

同時，「財富自由門檻」還有進階版，加入了自住房、投資房、汽車、家庭年收入等指標。因此，一線城市「高級財富自由門檻」提升到一．九億人民幣。

美國最早興起的 F.I.R.E. 運動是社會主流的算法，以長期美債年複利四％計算，淨資產達到「年支出」的二十五倍，就可以每年靠四％的利息生活，本金留在美債裡繼續錢滾錢。二〇二二年後，全球通膨平均超過六％以上，美國聯準會的持續升息成就了高利率時代，四％早已不適用。於是美國新銳作家山姆．杜根（Sam Dogen）提出的退休條件是以收入為基底，只要淨資產達到「年收入」的二十倍就可以退休（這不就是換句話說要找個五％的投資標的嗎？）

這自由的門檻讓人望之卻步，一般人窮極一生都達不到這個標準，大概只能「極窮一生」。我們被社會洗腦，以資產多寡做為自由的分界線，然而這樣的財富自由，是真的自由嗎？

卡通《烏龍派出所》（こちら葛飾区亀有公園前派出所）有集腦洞大開，

主角兩津勘吉得一天花光上千萬並連花一周，才能繼承大筆遺產。一番操作之後（先不管他沒有考慮在台北置產），他發現花錢花到最後竟然成為壓力，害他每天都想著：錢花不完怎麼辦？當花錢成為一種目標，竟然跟賺錢一樣勞累。

所謂的「財富自由」究竟是什麼？一定要坐擁豪宅、名車、私人飛機、遊艇、上億資產才能算財富自由嗎？擁有豪宅，住在裡面都想做些什麼？有了私人飛機或遊艇，又想開去哪？買了名牌包，想揹去參加派對？還是供著？

真正的財富自由是，當你不再把資產多少當成目標，而是為自己想過什麼樣的生活而展開行動。**「想過什麼樣的生活？」才是這一切最終的答案**。

婚姻看的是錢還是人？還是有錢人？

「錢夠用就好」這句話可能會惹怒很多人，到底多少才叫夠用？所以他們嚷嚷著這根本是富人高高在上、窮人自我安慰的話。美國理財作家史考特．瑞肯斯（Scott Rieckens），為了計算跟另一半日後生活所需的費用，互相列出十件讓自己快樂的事，像是：跟另一半去公園散步、去逛書店、一起煮飯吃晚餐、看一場好電影等等。他們發現，做喜歡的事並不需要太多錢。

上海有對夫妻存了三百萬人民幣就退休，在疫情後引爆話題。沒生小孩的他們，表示精神世界更重要；另一對情侶把自己打造成數位遊民，選擇在物價較低的清邁旅居半退休；台灣的理財老師怪老子，四十歲才開始學理財，四十九歲時資產累計一千萬元成功退休。他以年利率一〇％的計算方式，透過每年一百萬的生活費讓他與老婆還有兩個小孩活得舒適，一年還出國兩次。

若換個問題：「理想的婚姻是什麼？」也許有人會回答：是十克拉的戒指、是大型的樂團表演、是百桌酒席、鮮花禮道等等。但一定要手戴大鑽戒、鮮花酒席擺排場才是婚姻嗎？也有人穿上簡單洋裝，自己化妝，甚至沒有鑽戒，選間小餐廳與摯愛親友辦個溫馨小聚會。

那正是我。我們去掉許多繁文褥節，加上我想一起吃喜宴（新娘也是會餓的），便與老公提前錄好影片，敘述我們交往十二年後決定結婚的故事，跟賓客們一起邊看邊吃。餐廳店長略顯激動地跟我說：「你們的婚禮是我至今為止看過最棒的一場。」

作家三毛筆下與荷西（José María Quero）的結婚記，歷經一連串繁瑣的文件大戰後，終於到了去法院公證結婚的那一天。荷西身穿藍色襯衫，三毛套上淡藍細布長舊衣，頭戴藤編寬簷帽。沒有花，她就隨手在廚房拿了一把香菜別在帽上。荷西送給三毛的結婚禮物是具駱駝頭骨，三毛開心地直誇著：「真豪華啊！」漫漫黃沙，村裡沒公車，兩人徒步四十分鐘到法院，法院的人身穿西裝，新人反而顯得像看熱鬧的路人。但有什麼關係呢？誰能否定這是一場最浪漫的婚禮，更是最令人嚮往的婚姻。

真自由是犧牲次等自由

也有很多人說，不曾擁有過那些物質與金錢，沒辦法想像那樣的生活。某個朋友也說：「不是每個人都知道自己喜歡什麼，大多數的人更不明白自己想要什麼。」這樣的話就更簡單，讓我換個方式問：「你最不想做什麼？」

財富自由的另一面，就是換取「不想做的事情可以不用做」的自由，僅此而已。我們不是含著金湯匙出生，一般人也不可能什麼都擁有，富二代更不可能事事全勝，為了最渴望的自由，就必須犧牲很多其他自由才能換來。

舉例來說，我最想要「不上班」的自由，因此得犧牲很多次等自由，如：創意總監的職位、廣告圈（別人給）的地位、提案（偶有）的成就感、客戶的關係、累積的人脈資源、豐厚的薪資，以及高薪能選擇高價的出國行程與高檔餐廳的自由，甚至放棄當個廣告人的夢想……這一切，只是因為我想過著不用為了賺錢而被時間綁架、不用替人打工、不用再寫促銷文字的生活，拿回屬於自己的時間，純粹地花在自己喜歡的事物上。所以我從不覺得是犧牲，願意捨才能得。比起一般富翁，我更想成為時間富翁，當然更好的是：找到心之所嚮，做利他的事，為社會貢獻價值。

夢想生活不用超級富裕，但要絕對富足

住在能俯視台北全城的豪宅且名下好幾輛千萬豪車的周杰倫、身為暢銷作家且投資有道更坐擁千萬珠寶豪宅的吳淡如，都是人人認定又稱羨的財富自由範本。然而在北京，有位三十歲女子「一喬桑哇」，在高壓工作中漸漸感到迷茫，便辭去八年的業務工作，以「不消費主義」的方式體驗自由的生活。

不再被資本世界控制的日子裡，她與社區交換多餘物資並重拾看書、旅行、寫文章的嗜好，也開過非實體書店、去社區咖啡店打工、旅居鄉村。目前的她靠自媒體收入維生，依然過著低消費卻心靈豐足的生活。她說：「該

花的就要花，因為錢也沒那麼重要。」在我心中，她也是財富自由的人，只做自己喜歡的事、過喜歡的生活，具備人生信念並以自己的力量貢獻給社會。不管是創作好音樂、培育新生代的創作歌手，或傳授知識給下一代、分享經驗給需要的人。當然，能好好生活、天天開心就是最好的價值，跟資產多少完全無關。

我跟一位單身好友常討論財富自由後的理想生活。她訂出實現夢想生活的計畫，決定不買房只租房、拿錢去做長期存股、老了住養老院，這一切要價五百萬。是不是比一般人的答案便宜了二十倍？

即便沒有上億資產、名車豪宅、遊艇飛機，現在要是有人問我財富自由了嗎？我會回答：「**對！我財富自由了，更重要的是，我人生自由了！**」

我們不會去探究村上春樹戴的是哪一款手錶、是真的還是假的？更不會質疑去尼泊爾修行高人，財富到底自不自由？**因為一個人的魅力完全不在於他擁有多少財富，而是他帶給這世界什麼。**

第2站

好吃懶做

「尊敬你的老闆，接受你的薪水，專注你的工作，你死後一定會上天堂……因為你活著的時候可是在地獄。」——漫畫家，朱德庸

身為一枚資深社畜，一聽到前奏，就知道尾牙時要上演什麼好戲，畢竟尾牙絕對是職場劇的主題曲。我參加過的尾牙，就像一年一度入宮為皇上獻藝的現場。御廚精心策畫的好菜是才藝評比的一環，但在眾多妃子、臣子、太監們的高強度競爭下，群魔亂舞、妖孽叢生，誰還有心思與空檔吃佳餚呢？遠觀配好菜，到處敬酒，不醉不歸！

尾牙想好好吃飯，還是回家吃自己？

業界盛傳紅色大門的尾牙是時尚指標，女生人人都有一雙「超越巔峰、挑戰極限」的高跟鞋，專門用來對付尾牙。當天不僅要穿禮服、露事業線，還要聘請專業造型化妝師來公司服務，媲美頒獎典禮的星光大道紅毯。員工上台表演是傳統，尾牙前要挪出（平常連睡覺都不夠的）時間去練習、準備衣服與道具。女生要賣弄風騷，男生要出賣自尊，扮人妖或裸身才有看點！

同事在我耳邊說，去年尾牙很厲害。拿下第一名的是推出內衣走秀的業務女子群，為了這場表演大露身材、插羽毛、抹亮片；北京紅門的第一名則是全裸跳水桶舞的男子們，啤酒肚、胸毛一齊舞動，時不時掀開遮住重點部位的水桶製造驚聲尖叫，讓氣氛更是達到高潮（眼睛也很痛）。

卯足了勁要博得老闆的關注。搶下第一名，晉升之路也一路暢通；反之，太過率真（沒有團體意識、不懂閱讀空氣），把尾牙當「純吃飯」的新新人類，明年大概真的就沒飯吃了。

紅門集團的分公司與部門很多，我進去的第一年就有三場尾牙！更驚人的是，光一場廣告集團的尾牙就換了三套衣服：進場主題服、新人表演服、員工表演服，堪比川劇變裝。大老闆們跟選秀評審般，坐一排在台下笑呵呵，員工卻是進入一口飯菜都沒吃的胃痛環節。第二年好不容易從表演組變成幕後道具組，拿了一盤菜正要放進嘴裡時，業務頭兒跑來，微皺著眉說：「你們怎麼不去台前加油，這會列入評分項目耶！沒有PK氣氛，你們組會輸喔！」於是到口的鴨子就這樣飛了……

尾牙是要「犧牲色相、賣弄風騷」來取悅老闆，還是進行一場大型社交上位搏擊賽呢？在台灣，要員工在尾牙上表演，似乎已經成為無法逃避的另類職場文化，裝病不去只會錯失抽獎的機會。我迫切想成為一人公司，大概是為了逃避尾牙吧？因新冠疫情被迫停辦尾牙的那些年，不知道有沒有稍微平息每家公司年末的瘋狂？

想好好吃飯？先好好做人吧！

現在，每次年底看到各家公司的尾牙照片，不知為何，我鬆了一口氣。進入廣告圈後，扣掉尾牙與加班，大大小小的「吃飯活動」不間斷。中午不成文規定要組員們全體一起午飯，不論是團建、慶功宴、殺青、創意月會、集團聚會、年中Party、客戶感謝宴、老闆生日、大老闆回台灣……什麼理由都能聚餐。吃飯活動中好好表現的影響力不容小覷，小到留下好印象，大到升官加薪，Everybody！（尾牙台上歌舞秀的手勢）盡全力各顯神通吧！

跟國外客戶吃飯時，老外很愛叫我的名字，因為把水果當英文名的我，成功引起他們的注意。我只能乾笑回：「Cheers!」殊不知這句就像魔咒，激起他們反射動作般回敬式地舉杯狂飲，就這樣來來回回這個詭異的儀式。偏偏這次的全球大客戶慶功宴是吃法式料理，真是磨人的慢！我心想：「怎麼

九點多了主菜還沒上啊？好羨慕那位要去拍婚紗照而請假的同事。」（手刀衝去跟男友求婚）

好不容易在晚上十一點吃完飯。但，還沒結束呢！回台不久的大老闆很是興奮，嚷嚷著要大家再陪他喝一杯。但明天一早要提案，全員就把略帶醉意的他，半哄半騙半推半就地送上計程車。

這種飯局不只無法好好吃飯，還可能帶來胃痛、頭痛、全身痛的副作用，像宿醉般纏繞好幾天……（我無意掃興，以上純屬個人想法，如果你天生喜愛熱鬧氣氛也很好）

好好吃飯，才能好好生活

吃飯明明是最幸福的事，在上班族眼裡卻是麻煩事。社畜的辦公桌就是餐桌，入職場後十多年間，從沒跟男友吃過三餐，曾經在一次主管會議中，因為想吃完早餐，不小心遲到三分鐘而被大老闆喝斥著去門口罰站。像高中生遇到教官，懺悔自己多喝了一口咖啡。

「午餐吃什麼？」是每位上班族天天遇到的難題。這一切並不是附近店家都吃膩這麼簡單，在會議中囫圇吞棗、配電腦食不知味、吃到一半急件從天而降……才是上班族的日常便飯。但最煩人的，是與不合的同事、很愛搞團隊合作的老闆共餐，才是人間地獄！

加班狂魔陣地的廣告圈不只三餐煉獄，還多一餐宵夜競技場。比起日間場，宵夜場需要更多能歌善舞、划酒拳、喝交杯酒、裝瘋賣傻的技能。如果選擇下班回家睡覺而拒絕出場的人，肯定會惹怒老闆：「請客還不去！太不給面子了吧？」此時露出無辜的眼睛回：「跟你們的好身材比，我沒資格吃！」逃避可恥……又無用，還有副作用，但也只能賭上前途或賠上健康二選一。

當吃飯被賦予了這類不單純的任務，逐漸演變成職場文化，便無形背負了「情緒勞務」，讓我們像牲畜般被支配著時間與恐懼。那些日夜顛倒的職業，吃個飯更加艱辛。不少人因為身心靈承接高壓的狀態，腸胃健康出問題，更嚴重的甚至還會產生抑鬱因子，形成惡性循環。

說你飯桶，可是在誇你呢

「好好吃飯」在這個忙碌的社會逐漸變成一種稀缺。能好好吃飯的人，意味著能過上大眾嚮往的夢想生活。「好能吃」「好會吃」都成了一種讚美。上班族想要不用陪聊的約飯、單身者想要有人（帥哥正妹）陪吃飯，大家都想要不用花心力社交也不孤單，因此能各自吃得很香的「吃播」，成了這個年代另類的商機，達成了大家的共同心願。食物是全球的共同語言。每個人都可以觀看吃播，但不是每個人都能好好吃飯。

「吃播」最初起源於二〇一〇年的韓國網站艾菲卡TV（AfreecaTV），主播和觀看者可以進行互動。火熱程度延燒至今，讓吃播成了一門利潤豐厚的職業。在二〇二〇年六月的一項韓國傳媒公開數據中，吃播第一名的DONA月收入高達韓圜二十八億四千六百萬韓圜（依二〇二三年十二月匯率，一千韓圜約二十三元台幣換算，約六千六百萬台幣）。韓國一度禁止吃播，原因是容易引人發胖。

我常看韓國美女Hamzy吃播。曾是百貨公司櫃姐的她，二〇二三年的YouTube粉絲數高達一千一百萬。二〇二〇年的她粉絲數僅三百七十七萬，月收入便高達約六千八百萬台幣。影片中的她不說話，只俐落地做菜然後再暢快地吃掉，中間穿插她與寵物黑貴賓「炸醬」的可愛小互動。此時我彷彿是她的狗，看著她吃得好香。

中國一位吃播主楊小婷在抖音有百萬粉絲，算是個在地小網紅。所謂「別人的生活，是我們遠道而來的風景」，她在湖北農村用柴火燒飯、去田地採摘蔬菜，對生活在大都市工作的我很是新鮮。有次跟正在減肥的年輕組員妹妹聊到吃播，我們竟然不約而同都是她的粉絲。年輕妹妹看的理由是：因為不能大吃，但看她大吃如同自己吃，非常過癮。

要當個人，首先要好好吃飯。神奇的是，自從我不上班後，胃痛沒來糾纏過我，慢悠悠地泡杯咖啡，緩緩地輕鬆料理。好好吃飯，細細品嚐，即便沒有如吃播月入萬貫，賺到身心健康就是最幸福的事了。

至少先好好做回人，再進階成「懂做人」的人。

拚死工作不是形容詞，那是動詞啊！

「半夜四點才下班，洗完澡、刷個牙，趕緊躺床。明早要勘景，六點得出門。躺沒多久，又起床刷牙洗臉。可惡！下午要提案，得趕快化妝！正要開門上班時，發現鞋子不見了！鞋子呢?!……

我驚醒了！我還在床上！原來剛剛起床後的刷牙洗臉……是夢啊！天啊！又要再洗漱一遍，這下真的沒時間化妝了！」這是我的真人真事。

隨著網路興盛，九九六（早上九點到晚上九點，一周工作六天）、〇〇七（凌晨零時到隔天凌晨零時，一周工作七天）的工作模式孕育而生。而從事緊貼社會脈動的廣告人及網路業，就開始往「成仙」的道路邁進，因為以前最多工作十二至十六小時，但網路可是二十四小時運作的，唯有修煉為不睡覺仙、不戀愛仙、不聚會仙、不會生活仙，把自己磨成工作狂魔才能得道。

宇宙不重啟，我們不休息

以前只有老三台播放電視廣告，現在則是萬花齊放的人人自媒體。如今的廣告追求互動、速度，消費者也更分眾。在中國大陸，分眾不只一線、二線到五、六線城市這種單純的分法，更多的是消費行為與個性化的追求。一個有影響力的廣告，更不再只是老廣告人說的「一句文案寫三百遍」的訓練磨法，或是一支很有創意的影片就能達到熱議。還要考慮到生產供應源頭、地方性需求、趨勢話題、媒體預算、傳播打法、合作資源分配、公關活動，以及天降奇蹟的運氣……

當直播帶貨成為主流活動，流量網紅取代明星代言，以前因身為廣告人而驕傲的我們，變成年輕一代流傳的那句話：「當不上網紅的人才淪落到做廣告。」確實，爆肝加班一星期的點擊率，比不上網紅的一支抖音影片；YouTuber 隨手發個十秒的限時動態，都比正經拍廣告還能爆賣商品N倍；瘋狂操練一個月的薪水，比不上沒聽過名號的十八線網紅一天的短期代言費用，更比不上社群媒體強大的擴散力。資訊工程師至少是「金手銬」，廣告人充其量只是「草繩花式捆綁」吧？

在廣告中，「創意」的角色越來越弱。新世代人群的眼球只停留三秒，沒時間細細品味廣告深埋的時光膠囊。來人啊！直接上哏圖最快。量要遠遠大於質，要跟上瞬息萬變的趨勢，要像工廠生產線一樣產出許多模板瘋狂套用，才勉強跟上。

台灣人在上海廣告圈，又因文化、語言用法的不同，需要花更多時間學習。一早起床要看今天的熱點、朋友圈，趨勢風口、網路新詞、新一代關注事物。資訊焦慮加乘學習強迫，還必須閱讀大量的最新工具書，即便是法定休息日也不能停。要關注媒體官方粉絲專頁、要追流行的綜藝節目找哏找人，要猜測海選到決選的小鮮肉或小姐姐冠軍會是誰？當紅的「頂流」偶像是哪位？頭部、腰部網紅又有誰（依照粉絲數量多寡區分為頭部、腰部、底部的網紅，當然價格也不同）？從關鍵意見領袖（key opinion leader, KOL）又延伸到關鍵意見消費者（key opinion consumer, KOC），從上流社會到娛樂圈有一堆瓜要啃（此處應配上港星吳孟達的「我還有點餓！」劇照）。短短幾年，廣告表現主流的風氣從洋氣到接地氣，即使上氣不接下氣也要死命接住。於是在地鐵、在車裡、在廁所、在餐桌上、在聚餐中、在旅行時、在夢裡，都要無時無刻緊抱著電腦與手機，以防被四面八方湧來的浪一波波蓋過，化為泡沫消失在沙灘上。

這樣的工作型態下，不到三十歲的年輕員工猝死事件早就屢見不鮮，其中也包含幾位熟識的同事。而多位廣告大師過世時，全沒超過六十歲。

網路哏圖〈社畜加班圖鑑〉：「**宇宙不重啟，我們不休息**。」

網友分享自己的社畜經歷：「到哪抱電腦，隨時寫案子。過年也一樣，最後父母親戚都生氣，差點搞到家破人亡。最常看日出的地點，不是在山頂，也不是在海邊，而是在辦公大樓。」

日本一名二十六歲的上班族丸子（ちえ丸），在二〇二二年三月發表了一支名為《社畜白領的一天》（社畜*OL*の*1*日）Vlog。地獄式的作息瞬間引發近三百萬名網友圍觀，紛紛表示這根本是社畜天花板！她每月加班一百三十個小時，凌晨四點半睡、六點半就要起床，有時候工作成績不好，只能睡一小時。如此這般不要命地上班，卻換到上司的不滿和訓斥：「再拿不出成果，妳就去死吧！」「妳小看這份工作吧？我要弄死妳這個混蛋！」。藝人蕭薔經典的美妝廣告台詞「我每天只睡一小時」，在現實中這樣過大概會成為喪屍吧？

日劇《我要準時下班》（わたし、定時で帰ります）的女主角說：「人死了，什麼都沒有了……」

在高度競爭的廣告圈，三十歲出頭就該當上創意總監，三十五歲即被定義為中年人，四十歲就該坐上高層，不然就會被淘汰。「成功人士就該這樣走」，大家被這樣的標籤追著跑，燃燒生命不停工作著，不曾停下來思考：究竟我們拚死拚活上班賺錢是為了什麼？為了過更好的生活？還是只是想好好生活？但真實的人生不是電影《全面啟動》（*Inception*），能在醒來時慶幸一切只是一場夢，更不是電玩遊戲，Game over 後還能重啟人生。人命只有一條，因此，珍視生命、正視內心所想，人生可以活得不同，更可以創造新劇本。

有效率產出無笑果生活

二〇二〇年「內捲」一詞誕生（**註：involution。概念原本來自社會學「內捲化」（又稱過密化），現今被拿來形容「白熱化的競爭」。在資源有限的情況下，人們為了得到資源，進行非理性的過度競爭。當大家都考一百分，所有人一樣平庸，無人受益**），當大家過度努力的結果就是：再怎麼努力也徒勞無功，於是開始有一堆人準備「反捲」，高唱著：「阿姨，我不想努力了！」嘆息著：「懂投資，不如懂投胎！」更因此催生了「躺平族」。

社畜的無限輪迴，讓全球年輕人接力躺平。同年，美國Z世代掀起「安靜離職」（quiet quitting）風潮，意指只完成工作的最低需求，拒絕工作狂文化（hustle culture）。比起升遷，他們更想專注工作外的生活，被稱為美式的躺平族。大疫後，二〇二二年的英國《牛津字典》（*Oxford English Dictionary*）頒布年度代表字為「哥布林模式」（Goblin mode）。這是拒絕社會壓力，權衡之下做出的遁逃模式。「無奈的積極主義」持續延燒，二〇二三年，舒活（softliving）一詞霸榜。比起被動躺平，新世代更想主動舒活，追求生活工作的平衡，專注當下與快樂。

繼舒活後，職場新字彙「delulu」在近半年爆紅，帶著 delulu 標籤的影音，在抖音上累積超過四十九億次觀看。它的意思是指：大膽且自信地去追求夢想，即便一開始只是妄想，只要勇敢行動，弄假直到成真。有別於安靜離職，Z世代更想邊玩邊成功。

二〇二三年初，人工智能「聊天生成預訓練轉換器」（Chat Generative Pre-trained Transformer, ChatGPT）正式發布後，一個月的用戶就突破一億人。從此，兩天產出十六個提案不是夢，提案王的傳奇一秒就被刷新。人工智能的出現，本是幫助人類更有效率地完成工作，卻增加了被取代的焦慮、減少了臉上的笑容。但人生真的需要那麼有效率嗎？比起「你都做完了嗎？」，我們其實只是想要這樣的一句：「你過得好嗎？」

曾經「努力不一定會成功」，後頭接的是「但不努力一定不會成功」。現在下半句卻已成：**「不努力一定很輕鬆。」**新世代的功課，是開始學習不再過度努力。換句話說，學習躺平、樂享舒活、邊玩邊做才能迎接全新的世代。我們本來就不是機器人，不要放過人工智能，但要放過自己。

見紅就放，體檢單紅字害我放了一個月的假

隔壁的同事說，他最喜歡的公司活動不是員工旅遊，而是健康檢查。尤其是全身舒眠這個項目，可以趁機補眠補個過癮，睡飽了還順便照完胃鏡、大腸鏡，一舉N得。每年健檢報告一旦出爐，就是請假的絕佳機會。小時候

考卷滿江紅只會換到處罰，長大了健檢報告上的紅字比國定假期的紅字還有效，能換得幾天到幾個月的實在假期。

健檢醫師臉色凝重地對我說：「不太妙，胃部疑似有腫瘤，強烈建議妳去大醫院複檢。」

語畢，連續加班幾個月沒休息的我，嘴角不受控地微微揚起。我腦中本來已經萌生一個「婦科小產假」的計畫（我知道這很荒謬），老闆看到我的報告後，收起PUA大師的嘴臉，要我別加班，趕緊回家休息。我抬頭看時鐘，現在才傍晚六點呢！我彷彿天之嬌女般，在天黑前越過重重的加班同事們，很新奇地看到晚上尖峰時段的車潮。組員們忍著不敢聯絡我，回家後大吃晚餐也沒人打擾。體驗了快一個月人類的生活，最後收假在沒什麼大礙的複檢報告中。

太陽會請假，人卻不敢放假？

片場是展現廣告人熱血的絕佳舞台。女製片羊水破了差點原地生產、老闆因腸沾黏暈倒緊急開刀住院，手術完醒來，他躺在病床上的第一件事不是看病歷，而是看腳本（不懂休假的人聽起來是不是更荒謬？）。在全年無休的老闆與超拚的合作夥伴環繞下，請假單上的理由欄總是很難下筆。再加上若呈交時機不對，沒控制好次數、天數，更會被出示偷懶的警告，影響年終獎金。甚至會導致不敬業的風評，像背後靈般在職場上一路尾隨。

國外曾有個趣味的求職廣告，一位老奶奶不斷從墓地爬起來，因為她的孫子總用「我奶奶過世了」當成請假的藉口。

請假理由寫不好，很快就會變成離職原因。在社畜圈爆紅的離職理由：「世界那麼大，我想去看看！」看似瀟灑，卻挑動著老闆的神經與自己的前途。

要**大鳴**就讓我假**大放**！

印度導演塔森・辛（Tarsem Singh）導演曾說：「你花的錢，不只買下我身為導演的這段時間，而是我喝過的每一口酒、品過的每一杯咖啡、嚐過的每一道美食、讀過的每一本書、坐過的每一把椅子、談過的每一次戀愛、去過的每一個地方……你買的是我全部生命的精華轉化成三十秒的廣告，怎麼會不貴？」

老闆方代表松浦彌太郎也曾說：「薪水中有一半是付出勞動的報酬，另一半是休息的時間。」因為員工好好地休息，好好地玩，充實生活，才能把工作做好。這是老闆為了培養優秀員工的一種投資，所以公司才會支付員工私人時間的資金。

松浦彌太郎認為，**「工作」首要的是健康管理，第二項是快樂生活，最後才是完成被賦予的工作**。休假是不可少的精神糧食，讓我們充飽電力，在工作中創造更好的狀態。比起生理健康，健檢或許更要檢查的是心理健康。

期待有一天，請假單上的理由欄中寫著「沒有理由」，看起來也毫無違合感。

暫停不是停滯不前，而是拿回生活主導權

球賽中的暫停是一種好戰術，生活中的暫停卻等於不學無術。更多時候是遇到困境，不得不暫停，像是被迫放無薪假、被開除或生病等等。不上班的日子，沒有人強制安排行程。一片空白，就開始覺得自己不長進；人生沒前進、沒升上職位、未來沒下文，這樣的不上不下，更是令人焦慮不已。

經典日劇《長假》（ロングバケーション）中有段台詞：「在自己什麼都做不好的時候，就當是上天賜予的一段長假。不要勉強、不要焦躁，更不要無謂地努力，將身心付諸於自然，不久之後一定會好起來的。」

在亞洲，學生成為上班族後最大的變化就是失去了寒暑假，但在歐美國家，上班跟上課一樣保有寒暑假。在英國，常見的正職合約裡，勞工可以選一周工作幾天，也可選擇幾天在家工作；在德國、西班牙與義大利，一年有三十至四十天的年假。「夏天就是要放暑假！」西班牙人算是徹底在執行，

法律更規定員工每年有三十天特休，很多店家與餐廳也乾脆關門放暑假。放假前夕，老闆甚至會辦派對慶祝大家去休假。比起亞洲人休個少少幾天假還得躲躲藏藏，歐美人是不是過太爽？

歐美人更流行 Gap Year，他們在畢業或轉換跑道時不急著投入工作，而是給自己一個空檔年，體驗自己感興趣的事，透過旅行、做志工等探尋自我。而中國在社群上興起 Gap Day，因為沒辦法空檔一年，給自己一天的時間放空也很好，資深社畜會問：「Gap Hour 呢？」那就補眠吧！夢裡什麼都有。

大假不夠，小假來湊。新聞報導近年來西班牙、德國、比利時、瑞典、冰島、愛爾蘭、美國和加拿大等國，都有企業開始試行「周休三日」的實驗。結果顯示，周休三日的工作效率幾乎不亞於周休二日。按照這個實驗推論，不懂休息的人也不懂得如何有效工作。然而什麼是真正的休息？我覺得是「恢復狀態」。腦子亂哄哄、身心不平衡、一放空就心慌慌、動不動就焦慮……是該來練一下如何休息。如果休假前要先通過資格考試的話，大概很多人不及格吧？

日本近幾年推崇下班下課的「失聯權」。非工作時間有拒絕聯繫的權利，讓休息名副其實。台灣的圓神出版社實行周休三日已長達十多年，很是超前！一位棄守廣告圈的朋友轉職到台東一家文創商品公司，同樣周休二日。不同的是，員工可任選休假日，也可累積小長假彈性一次休。如此一來能避開許多假日擁擠人潮，得到更好的休息品質。

人類需要休息，就像動物需要冬眠。會冬眠的動物如食蟲動物、蝙蝠類、囓齒類，會在冬天降低代謝、體溫及心跳，讓身體徹底「休假」。而那些不冬眠的動物，會遷徙去南方過冬休整。人也是動物，早上被鬧鐘吵醒不想離開被窩，是正常的動物屬性。這時「不想上班」的念頭如火山般快爆發時，就勇敢地休假吧！

感受一下當原始動物的本性，才能了解怎麼當個正常人。哪怕只是休個一、兩天，放假時也可能什麼都不會發生，但能打破上班（加班）下班的常規，才有機會看見新的可能。愛因斯坦（Albert Einstein）曾說：「**什麼叫瘋子，就是重複做同樣的事情還期待會出現不同的結果。**」

懶著懶著……一不小心改變了世界

美國有名工程師用不到五分之一的薪水，把工作外包到中國。他成天上網看貓咪影片打混裝忙，天天準時五點下班，坐領千萬年薪，還被老闆誇工作有效率，程式碼寫得乾淨完美，是公司最優秀的員工。直到某天網路安全公司例行檢查，發現有奇怪的中國瀋陽地區網址上傳下載，才識破他的計謀。最後他被老闆解雇，卻被網友紛紛表示他是天才。

我個人強烈推薦他去微軟（Microsoft）或阿里巴巴集團上班。因為微軟前總裁比爾・蓋茲（Bill Gates）說：「**我讓懶人做困難的工作，因為懶人能**

夠找到最簡單的方法完成任務。」阿里巴巴創辦人馬雲則說：「想偷懶是好事，偷懶才會想辦法改變現狀。」

曾經的「早起的鳥兒有蟲吃」，直到下一句「早起的蟲兒被鳥吃」的玩笑話出現，才意識到原來不是每個人都想當鳥。事半功倍有時候需要的不是勤勞，而是想要懶惰的那股反向力量啊！

「懶」是推進人類文明前進的那道光。這句說得誇張卻很真實。因為懶，想免除重度勞動而發明各種工具：因為懶得走，而發明了汽車、火車、飛機；因為懶得打掃，而出現了掃地機器人。工業革命的洞察源自人類懶惰的天性，AI人工智慧的誕生更是。

沒有功勞也別勤勞

沒有功勞也有苦勞？二次大戰的德國名將埃里希・馮・曼斯坦元帥

（Erich von Manstein）曾說：「人分成四種：聰明又勤勞的人可以當幹部，非常好用；聰明但懶惰的人適合當高層；笨又懶惰的人建議別管他們，反正無害；最危險的是笨但很勤勞的人，必須儘快趕出組織，他們的存在只會增加更多事。」

考不好，被罵太懶了！房間髒亂，因為太懶了！一切失敗都被歸咎於懶惰，就算品學不兼優，領到全勤獎也會被表揚。整個社會都在說「勤勞是美德」，葉啟田的《愛拚才會贏》是我童年時期的洗腦神曲。歌詞深植人心，大家都深信勤勞刻苦是優良品性、勤能補拙、努力向上才是正道。從小到大播出的廣告也幾乎都宣揚著——認真的女人最美麗、認真的男人最帥氣、認真的自己多麼勇敢不逃避。勤勞像是免死金牌，「看起來好認真」的樣子便是一張護身符，讓人感到安心，不會被責怪。勤勞是一種最好的保護色，最後白忙一場還有台階下：「結果不重要，努力過就好！」

而那些懶得寫的功課，懶得打掃的房間，懶得參加的會議，其實都是討厭的事，根本打從心底就不想做。反之，就算再忙也沒少追劇、少看電影；再沒時間也會跟好友聚會、吃飯。本質上喜歡，才能「勤勞」地做。所以，不想做就懶惰一回吧！懶惰是種出自內心更誠實的選擇，讓我們發現自己真正熱愛的事物。

一定沒人能想到，中世紀的人們對於「懶惰」的定義跟現代完全相反。他們認為：**「人之所以懶惰，是因為沒有能力獲取閒暇，所以才不眠不休地為工作而工作。」**被工作牽制，一切安排得明明白白，不必花心思往內心發掘自己所想，才是最懶惰的。

投資也是。專業的理財員，績效卻年年輸大盤，就是因為怕別人覺得他沒有作為，頻頻買進買出地「勤勞」操作。結果就是，輸給一年只動作一次的懶人。愛情也是，頻頻獻殷勤的人最快被封殺。總是有這樣的故事結局：最懶惰的同事領最多年終獎金，懶得上班的同事最快財富自由。

回想一下，工作中最痛苦的並不是永無止境地加班，而是勤勞認真卻白忙一場。我不怕（適度地）加班，為了取得好成果，有時候加班是必然的過程。但我很怕盲目加班，不知道自己為何而忙，做得多卻白做工，落入窮忙陷阱。

我非常樂於投入鼓吹信念的廣告，但要不太消費的我去做鼓吹消費的廣告，讓我覺得既苦惱又矛盾。於是，我不想再那麼「勤勞」了。我喜歡廣告，但人在江湖無法挑客戶。於是我學會不要太認真看待每件事，就放任自己發懶吧！

懶得去做的時候就不做，懶得接太複雜（垃圾）的工作（廣告）就推掉、懶得溝通就別講，懶得排隊就放棄，甚至是懶得湊熱鬧、懶得搶優惠、懶得追熱點、懶得討厭誰、懶得想太多都可以。認真就輸了，懶散也是一種贏，贏到了開心，贏得了悠閒的時光，或許還贏到一點減碳的貢獻。

咦！怎麼一不小心就躺贏了。

第3站

遊手好閒。

「無所事事的時候不要有罪惡感，也許工作比無所事事對世界的危害更大！」——英國暢銷作家，麥特．海格（Matt Haig）

二〇二一年四月十七日，中國討論區平台「百度貼吧」一篇題為《躺平即是正義》的貼文，引發熱議。

「我可以像第歐根尼（Diogenes，古希臘哲學家）只睡在自己的木桶裡曬太陽，也可以像赫拉克利特（Heraclitus，古希臘哲學家）在山洞裡思考『邏各斯』（Logos）。既然這片土地從沒真實存在高舉人主體性的思潮，那我可以自己製造給自己。躺平就是我的智者運動，只有躺平，人才是萬物的尺度。」

整個新世代的詞——「躺平族」就這樣被創造出來了。

大江東去浪淘盡，千古上流遊民

當多金、戰功彪炳的亞歷山大大帝（Alexander the Great）問：「你需要什麼？我保證能實現你的願望。」第歐根尼只冷回：「我要你閃一邊去，不要遮住我的陽光。」

而在被大老闆推翻至第七輪提案的我，看著他的背影與牆上時鐘，心想若有天升職成為他，仍然要拚到凌晨三、四點（加冷筍式抖）。我頓時發現，比起財大氣粗、有權有勢的人，我更嚮往古希臘哲學家的生活。難怪最後亞歷山大大帝會說：「我若不是亞歷山大，我願是第歐根尼。」在外人看來，第歐根尼彷彿遊民般住在一個木桶裡，直至他被海盜俘虜，輾轉被賣到某戶人家當起家教與管家。朋友想為他贖身，卻被他罵蠢蛋，因為他覺得身分無所謂，即使身為奴隸，心靈仍是自由的！

遊民鼻祖應屬不為五斗米折腰的陶淵明，網友「米絲肉雞」推算，陶淵明的月薪在現代高達近一百三十萬，卻拒百萬月薪辭官隱歸。他不違己心、不慕功利、不願趨炎附勢，毅然決然隱居當農夫，創建桃花源，誕生《歸去來辭》等作品，成為一代田園詩人。據說他很喜歡喝酒，但沒錢不能常喝，只好靠仰慕他才華的人請客。

大唐第一無業游民——詩仙李白。有人說是他是富二代，娶了有錢老婆，還有一堆富豪朋友。他只做喜歡的事，創作無數好詩，一字千金。他把日子活成仙人，雲遊四海、瀟灑率性、飲酒作詩。他一生到過十八個省、去過兩百零六個州縣、登過八十多座山、遊覽過六十多條河川、二十多個湖潭，行程遠超過兩萬五千里。

「人生得意須盡歡，莫使金樽空對月。天生我材必有用，千金散盡還復來。」李白透過《將進酒》一詩，寫出他的生活態度，人生該盡興時就別掃興，每個人都有其價值，而錢用完了再賺就有。

最早的自助旅行大師——「窮游遊民」徐霞客，三十餘年都踏在熱愛旅遊夢想的路上，用一生所見所聞集結成《徐霞客遊記》，被後世稱為「遊聖」。他喜愛讀書卻不願參加科舉；不求功名、立志探險；不畏艱難，偏鄉野嶺仍堅持靠雙腳走到；擁有超強毅力、踏遍大江南北，以親眼所證糾正許多歷史上的地理錯誤。

上流遊民的大神，是被朝廷貶後自稱東坡居士的蘇軾。雖窮困卻講究精緻生活，胸中亦超然自得不改其度，鑽研喝茶、烹飪樂此不疲。被流放還能到處吃，看到什麼都想煮來吃。他寫的七言絕句〈雨中明慶賞牡丹〉：「霏霏雨露作清妍，爍爍明燈照欲然。明日春陰花未老，故應未忍著酥煎。」簡單說來就是：牡丹開得那麼好，不忍心煎來吃……果然是吃貨一枚啊！後世將料理冠上「東坡」，就成名菜一道。蘇軾把「活得越快樂自在，就是對敵人最大的打擊」表現得淋漓盡致。

失去全世界之後，我們才開始找到自己

美國著名作家暨哲學家亨利．梭羅（Henry David Thoreau），二十八歲時到瓦爾登湖（Walden Pond）畔自建小屋，離群索居長達兩年兩個月，創作出《湖濱散記》（*Walden*）。他說：「我到森林裡去，是因為我希望過著有意識的生活，單純面對生活必要的部分，看我是否能學會它要教給我的事，而不是在我臨死之前才發現自己並沒有真正地活過。」

《湖濱散記》開篇就大幅探討文明、制度、工作、教育等，如何一步步演變至今，究竟人類的生活是有所改善，還是更加混亂？可以確定的是，這一百七十年來始終沒有改變的是──「盲目工作」，就是所謂的窮忙吧？拚命工作，會帶給人一種假象的成就感。如果沒有覺醒，將無限循環下去，而「獨處」正是覺醒的機會。

梭羅親自創造了許多生活實驗，發現**一年只要工作六星期左右，就可以滿足生活開銷**。親近自然、回歸本心、自給自足、崇尚極簡主義、專心致力追求精神飽滿的人生。他希望這個世界盡量要有各式各樣的生活方式，盼望每個人都勇於追求自己想要的生活方式，不是父母要求的，也不是大眾都在過的。

為人們所稱讚、被人們認為成功的生活，只不過是生活中的一種。為什麼我們要誇耀這一種而貶低其他類型的生活呢？

這個一百多年後仍沒名氣的二十八歲青年穿越到現代，會不會繼續隱姓埋名？如果沒有網路的推波助瀾，大家留意到專心致力追求學術研究或是精神提升的人嗎？大眾會加以景仰嗎？會大肆推崇嗎？

資本主義衍生出的消費主義盛行已久，低欲望社會悄然萌芽，極簡主義、斷捨離像雨後春筍般冒出，漸漸降低物欲，探討精神生活。然而多數人都覺得，一個不事生產只過喜歡生活的人很可能是「有錢」，不然肯定是「財富自由、富二代、暴發戶，還是中獎幸運兒」吧？如果都不是，就被貼上「遊手好閒、不學無術」的標籤，解讀成社會失敗者、媽寶、巨嬰、魯蛇、啃老族、繭居宅、躺平族、N拋世代……

真是如此嗎？在美國的一部紀錄片《極簡主義：生命中最重要的事》（*Minimalism: A Documentary about the Important Things*）中，兩位主角約書亞．密爾本（Joshua Fields Millburn）與萊恩．尼克迪穆（Ryan Nicodemus），從部落客開始，然後成為書籍作者、錄製 Podcast 節目與紀錄片，將理念傳遞給人們。他們之前的職位都擁有頗豐厚的收入，常常利用消費填補空虛，最後發現好好體驗生活、珍惜與家人朋友相處的時光，反而更為重要。

他們四處巡迴演講時，遭到不理解的民眾大聲斥喝：「你是指責我們亂買嗎？不買東西就能解決問題嗎？」然而，他們的理念並非宣揚不消費，而是認清自己需要的物品與想要的生活，反思什麼是生命中最重要的事？是否忘了探索自己的內在？什麼樣的日子能讓我們感到滿足與快樂？

後疫時代，實現理想遊民生活

在眾多「遊民」中，我最喜歡大原扁理。他沒有富爸爸、沒有財富自由，也沒有依賴別人，更沒有（按社會期待）讀大學、沒有過度勉強自己工作。他自創「做二休五」的半隱居方式，實踐「上流遊民」的生活。他的著作《才不是魯蛇：錢少事少、周休五日的快樂人生》（*20*代で隠居 週休5日の快適生活）被我奉為遊民聖經。他說：「二十歲之後的人生是減法，像傻瓜般生活，才能成為不被社會束縛的勝利組！」

二〇一九年年底，世界因為一場新冠肺炎疫情發生巨變，加速了數位化與網路的步伐。分流上班、遠距工作（work from home, WFH）、線上會議、遠端服務支援，悄悄改變原有的制式工作型態。不再需要進公司或受客戶的服務據點所限制，大大提升了工作的自由度與彈性。越來越多人想加入逐網路而居的「數位遊民」（Digital Nomad）行列。邊旅行邊工作的自由生活，不再是空想。

比起以前，在人人都是自媒體的現代，我們有更多機會可以不依靠公司體制的「上班模式」，實現理想的遊民生活。

大疫後，正以為多數人為失業所苦，美國卻出現二十年來最大的離職潮。因爲在家工作一年多，省去了大把的上下班通勤時間，如今開始審視自己以往的「上班模式」是否真的有意義？人們轉而嚮往YOLO（You only live once，人只能活一次）。反正明天可能會死，倒不如去過喜歡的生活！這股YOLO思潮讓更多人打破既有的傳統上班型態與思維，去追求生活和工作間的平衡，過上更自由、更快樂的人生。YOLO族可說是後疫情時代產出的「新遊民」。

不管是顛覆社會觀的啃老；李白的雲遊寫詩style；陶淵明的自給自足，不足就找朋友請喝酒；蘇軾的窮精緻；大原扁理的做二休五；YOLO族或是數位遊民的理想新生活，都在告訴我們：我們有多渴望自在的生活，就能活出屬於自己的理想遊民style。

當人生需要轉機，就去旅行轉機

工作遇到瓶頸、感情遇到挫折、生活遭遇困境，我們想到的不是去占卜，就是去旅行，而且還得是需要轉機的那一種。因為在機場等待的漫長過程中，人生就會出現新的轉機……才怪！其實是因為需要轉機的機票通常比較便宜，甚至還可能搶到〇元機票。藉由多次轉機還能省下旅館過夜費，時間規畫得好還能出境多日，等於多玩了一個城市。但在機場轉機的（曲折）過程中，倒是真的一定會有新收穫。

小時候，羨慕寒暑假時全家出國旅行的同學，結果被媽媽罵「虛榮」。她說：「有錢有閒的人才能出國玩，你呢……？（以下省略萬字）」。步入社會領到第一筆薪水後，才第一次出國的我，一下就愛上了。那是讀再多書、看再多旅行節目都無法取代的感受。初期為了降低旅費，常選擇轉機旅行，卻意外得到了很多體驗。

我睡過日本關西機場、俄羅斯莫斯科機場；賺到夏威夷四天三夜之旅；額外多逛了泰國曼谷、阿姆斯特丹、香港與新加坡樟宜機場。

百轉千迴，一期一會

從北海道轉機到關西機場時，航班不知為何延誤了。聽不懂日本國內線無外語的廣播通知，一臉狐疑的我只能跟著人群移動。此時，一位男士悄悄靠近對我說：「不好意思，妳好像不懂日文。現在是因為有鹿闖入跑道，所以要換登機門等待……」

咦？會說中文？我們順勢聊了起來，原來這位北海道的先生已經在台中當好幾年的日語老師了。聊了一會兒，他支吾地問我：「我從剛才就很想問妳一個問題，我可以問嗎？」要問台灣哪裡好玩、好吃嗎？太好了！正是我展現國民外交的好時機。

我爽朗地回：「可以啊！」他看我大方的態度，表情放鬆了下來，接著緩慢靠近，認真地看著我的眼睛問：「為什麼……妳的眼線……要畫這～麼～長？」他的手不自覺地指過來……「蛤？你懂不懂 Fashion 啊?!」我被氣笑了。

結果，在等待飛機起飛的三小時裡，我們都在討論日本跟台灣女生的妝容與穿著：日本女生的底妝超級服貼，台灣女生的腰比較高……再會後，交換了 mail 便各自啟程。之後太忙從沒聯絡過，但那個下午無厘頭的對話，至今莫名記得好清晰，這就是所謂的「一期一會」吧！

我人生最大的轉機，應該是二十九歲去法國與西班牙，為期二十八天的那場旅行。這趟旅程不只完全扭轉了我的穿衣風格，更讓我勇於破圈，做出選擇。

當時的我雖然升職為行銷企畫部的總經理，卻躍躍欲試地懷著廣告文案的夢想尋求跳圈，但又捨不得放下既有的累積成果與成績，乾脆逃避出國（玩到破產）。旅伴E小姐的表妹在法國留學，很熱情地當免費嚮導一周，吃了有名的馬卡龍與烤蝸牛，也聽她說著來法國後的種種觀察：很多法國人不想工作時就大方辭職，領著政府的失業救濟金生活；他們會在超市打烊後撿即期食物與蔬菜，還在社群裡分享資訊給其他「撿友」，隔天再帶著料理好的「美食」與書，去塞納河畔野餐、曬太陽。

山不轉、路不轉、人不轉，就轉念

法國有名四十多歲的失業男子，在二〇一六年化名出版《靠政府福利過二十年悠哉生活》（*Moi, Thierry F., chômeur professionnel*），據說法國政府一度想列為禁書。他出社會總計二十四年，工作時間只有三十一個月。他緊跟政府各項補助福利措施，有車有房更有社交（但無另一半，消費不起）。他的日常就是跟侄子打打網球、看看電影，偶爾跟朋友吃（蹭）飯。夏天到海邊度假、冬天則去阿爾卑斯山與家人滑雪。靠友情贊助，還成了一家健身俱樂部的終身會員。明明是失業遊民，日子卻過得很「貴族」。

面對那些說他竊取國家財產的批評，他這樣反擊：「這二十年來，我總共花了國家十二萬九百六十歐元，比起那些動輒貪汙上億歐元的腐敗分子，我並不貪婪。」他坦言：「**我喜歡這樣自由自在地生活。對我來說，自由是最重要的。**」

人說旅行歸來時，會帶回不一樣的自己。果然沒錯！回台灣後，另一位旅伴（自由接案的設計師）S小姐睡了三天，才把時差調過來。而我已經快點到地板，仍要上班還工作債。一定是時差的關係，我心不在焉地上了一個多月的班，腦海裡不斷浮現那些自由如風的法國人。他們完全不顧外界的眼光，貫徹自我想法的生活理念，徹底震撼了我。於是一轉身，我便帥氣地辭職了。旅行，讓我帶回一個追尋自由的全新自己。

兩個多月後，時差與心情總算調過來了。望見桌上堆了滿滿的帳單，再看看戶頭已見底，電子信箱裡卻沒看見任何廣告文案錄取的消息。人生有了轉機，但生活還得轉帳啊！沒錢的我，只好回鍋原公司（感謝老闆的收留）。這次我利用下班時間努力做作品集，一年多後，沒浪費當時的轉機，終於成為一名廣告文案。

進入夢想中的職業後才發現，最難調節的時差不是轉機旅行，而是在廣告圈這一行，每個人的時差還不同。多數創意部門是下午三、四點進公司，做到凌晨三、四點；業務與策略部門則多是上午九點多到公司。大家工作時間有所差異，很難湊在一起討論。

但真正跟不同時差的人湊在一起工作，則是在上海工作時體驗到的。與來自世界各地的客戶與同事，在疫情之下開啟遠端視訊會議。看來，能夠調節好時差的人，更能適應新世界。

現在還有一種生活叫「旅居」。

去世界各地玩轉，不是在辦公室像陀螺原地打轉，肯定處處轉出新機。如果前方依然萬重山，還有念頭能轉，誰也不能綁架我們的自由心志。

當我放棄追求財富，結果財富追著我不放

小說《55歲開始的Hello Life》中，描繪幾位主角們在五十五歲時面臨的各種情況：還沒付完子女大學學費之際，卻突然閃到腰不能工作；巧遇變遊民的老同學病危，泥菩薩的自己該幫嗎；無法忍受丈夫多年的冷淡而決定離婚，卻沒分到一毛錢……人生如走鋼索，一陣風就可能失足墜落。看完這本書的當下，我便決定要好好存錢。

存錢是美德，居安思危，以備不時之需。沒人會否認，存錢像極了減肥，永遠明天再說。好不容易下定決心存（瘦）了一點，沒多久又破功。我試過的存錢方法比減肥還多，像是：天天記帳、信封存錢法、分帳戶管理、九宮格存法、出門只帶一百塊、強迫買儲蓄險、「第一天存一元、第二天存兩元」的累計存、一天存一杯咖啡錢、把錢給男友管理……最後全以失敗告終，包含戀情。

有陣子流行如何極致省錢，冒出很多省錢達人：像是兩年只買一條褲子的主婦、一天只吃素烏龍麵的日本女生，靠著極省的手段存下第一桶金再買房。曾經，我也以為拚命省錢才是邁向財富自由的第一步。摩托車的車輪常騎到被磨得平滑，剎車皮、剎車線也是，總是撐到最後一刻，不得不換才去找機車行。老闆對我說：「小姐！拜託，妳這樣騎車超危險的耶！」老闆不是通靈，卻精準說出這台車遇到的壞事。大學時，我有次會發生車禍，就是看到前方有人緩慢倒車，緊急煞車時才發現剎車皮失靈，情急之下剎得更用力，剎車線就瞬間「啪！」一聲斷掉，然後「轟！」一聲直撞上去。我活生生示範了「管窺效應」（tunneling）（經典例子是：美國統計有半數以上的消防員殉職時並不在火場，而在路上發生車禍，原因竟是緊急出任務忘了扣上安全帶而被甩出車外）。

職（情）場存亡戰，還要會存錢？

進入廣告圈，我完全忘了要存錢這件事，卻在一年半後成功存下二十多萬。這讓我悟出一個道理：要存錢，首先要忘記「存」這件事；同樣地，要追求財富，就要放棄「追」的念頭。跟愛情一樣，越是積極追求帥氣男神／高嶺之花，對方越是會逃跑。金錢更是！都說人兩腳、錢四腳，靠兩腳追，就算跑得再快，只會把自己搞得精疲力竭、犧牲時間，更賠上健康。而且重點是：根本追不上。

「如果你想邁向財務自由，就千萬不要存錢。」年輕世代的部落客提姆．丹尼（Tim Denning）這麼說。他的意思是：不要死存錢，錢會隨著通膨貶值，要買能增值的資產。我們也都懂得存人脈、存人情、存知識、存美好體驗，遠比存錢重要多了！但總要有錢才能買資產吧？所以不免感嘆：「早知道早點學會投資。」理財專家也都說：「投資複利越早開始，效果加乘。」

「理財越年輕越好。」

一位美國理財女作家曾說：「三十歲前最好不要懂理財。」她很聰明，知道普通人在三十歲前除非中樂透或繼承家產，大多也沒財可理。她主張年輕人應該先理解自己，去闖、去折騰、去體會世界。太專注於投資股市漲跌、太早鑽研理財，成天想著怎樣才能財富自由，便會錯過很多機會、錯過很多可能的自己。

想像這世界上誕生了一位可能成為當代藝術家、新銳導演、發明家的你，再想像自己踏上扭轉一生的遊學之旅、交到一位知心的朋友、談過那場感動的異國戀……而可能擁有豐富精采人生的你，最後成了理財專員，全被平行宇宙中那個整天研究存小錢、搏大錢的自己給扼殺掉了。

除非是想成為金融圈的專家，那就另當別論。靠投資致富的「股神」華倫．巴菲特（Warren Buffett）也說：「我九九％的財富都是在五十歲後才賺到的。」

「財富自由」聽起來很誘人，尤其在窮得只剩青春的時候。那時的我拚命求生存，被學貸、房租、家用與各種生活費壓得喘不過氣。羨慕富二代，更羨慕富二代的備選媳婦，彷彿有錢就能買到一切。有錢能使鬼推磨，沒錢只能當（窮）鬼去推磨；沒成社長，卻成了社畜；去追尋喜歡的事，可能無法速成致富，但若要我拿這一路的歷程去交換一夜暴富，我想我會失去更多。

最好的追求，是讓錢／人來追求

廣告圈有句話：**「當菜鳥，做的遠比賺的多。成了老鳥，賺的就比做的多。」**我很幸運，三十九歲前不懂得追逐金錢，只顧著追喜歡的事。到四十歲，理財知識才慢慢跟上賺錢能力。與其三觀不正、六親不認地追求財富自由，倒不如把自己打造成「吸富體質」，讓錢主動靠近才是真正的吸金大法。

愛情大師說，別想著怎樣追到他／她，只要專注在自己的生活上，便會不小心成為令人注視的對象。不用展開攻略，自然成為對方的夢中情人。最浪漫的愛情是：什麼都不留下，反而會留下更多。撐起外套與另一半在雨中奔跑，回家才發現好不容易要到的電話紙條已被淋濕。沒有留下聯繫方式，卻留下讓人想一探的魅力。若太早就成功打電話給對方，這過程就不值得玩味，也不會有經典的《向左走．向右走》的故事。編劇坂元裕二在日劇《四重奏》（カルテット）有句台詞說：「小孩子才告白，成年人要勾引。」

同樣地，財富的進程也是。最好的追求，就是先追求那個喜歡的自己、喜歡的事，財富自然就會被勾引過來。而且，最後被勾引過來的不只是財富而已，還有富足的人生（紫霞仙子式眨眼）。

心境歸零，資產不歸零

人生中第一次成功存錢，是放棄了存錢的念頭。同事成功減重，是放棄體重機上的數字，只專注規畫每日的健康生活。她說：「他無視我的付出，我決定放生了。」我點頭表示贊成，腦中浮現經典的司迪麥廣告，畫面中小女孩說：「幻滅，是成長的開始。」那些做不來的工作、練不起來的技能、跪不下去的客人、翻不過的山、下不去的海、不回應的人、高攀不起的門、過不去的坎……不難，放棄就好了。放下自尊、放下無謂的堅持、放下原有的職位，才能看到真實的自己，也才是真正的成長。

當我放下名片時，也曾一度懷疑自己是誰？放棄了努力近二十年的職場生存技能，放棄了高職高薪，能換來什麼？

能放棄，表示還有選擇權，畢竟真實人生總是遇到各種意外，才（被迫）放下與歸零。不管是遇到感情詐騙、惡房東、一分未拿的裸離婚、檢查出重大疾病、家中遭逢意外事故等……當老天拿掉我們擁有的，才逼迫我們從零檢視自己。

我也是因為落髮，才（被迫）歸零。失去職稱與頭髮的我，去外面吃飯時老闆叫我「小姐」，去吃早餐或菜市場買菜時還會被叫「妹妹」（讚嘆嘴甜老闆們，更感謝沒叫我弟弟？）「創意總監」「顧問」「老師」等稱號已像風箏飛遠了。我會從行銷企畫跳到廣告公司，就是急欲擺脫沒有方向、沒有歸處的風箏感，為自己找個救生小圈圈。

當行銷企畫時，每次面試新產業的公司，對方就會不斷地把上家資歷歸零，如果前東家資歷是服裝時尚業，進入食品業便無法把以前的資歷累積起來。但進入廣告業後，無論做什麼客戶，會稱呼自己為「廣告人」，會說我們是「廣告圈」，可以站上廣告獎的頒獎舞台，跳槽也像校園內轉班，偶爾還能「回娘家」，在圈內扎根安全且有資源。

但是我最後又放棄廣告這一圈。

為什麼不斷放棄舒適圈？為什麼一直想吃「歸零膏」呢？大概，我想看看拿掉一身外在的衣裳，歸零後的自己吧！

不斷歸零，才能百分百充電

一位長跑運動員說，保持好成績的祕訣就是歸零。無論幾秒的計時器，按下歸零的那刻都能重新開始。

某次室友L先生腳腫得厲害，他不願意去大醫院，請我叫計程車去看中醫。隔天，聽到房間傳來的哀嚎聲，發現他痛苦地在床上捲曲，身體甚至不能伸直。我趕緊叫了救護車送他去醫院，一路直送重症病房，馬上開刀。醫生說，再拖下去就送到隔壁的太平間了。起因是他多年前車禍的傷口遭到細菌感染，造成急性發炎。還好手術成功，在醫院休養一個月。室友請我拿他的存款簿幫忙繳費，結果裡頭只有四萬五！雪上加霜的是，他沒有買保險。

原本復健要花三至六個月的他，只能急著出院去工作賺錢了。

被意外逼迫歸零似乎很哀傷，但也因為那次事件，他轉換跑道，從原本的傳統零售商進了電商公司。做了幾年後，他離職自己開了一家電商。收入更好、時間更自由。因為開過刀，沒有保險公司願意保，他便開設一個帳戶做為自己的人生保險，其他放在存股。他說：「我回不去上班體制的生活了。」

說真的，我剛當上遊民時，看上一件日式短浴衣。撇見家裡櫃中堆放著在日本買的布料，想說反正很閒，不如自己縫一件。我一筆筆畫出版型，一針針慢慢縫，花了整整三天才縫完，感受揮霍大把時間的快樂。穿在身上時，卻不禁覺得這件衣服可真貴啊！我以前三天的工資應該超過上萬了吧！那時候不管做什麼，都會不自覺地換算成時薪。只要有人問我要不要接案子，身體就反射般地點頭。

那時朋友推薦我早晨靜坐。靜坐就是自我主動式的**日常歸零運動**。老師說，什麼都不要想，只要靜靜地感受呼吸。但是放空原來超級難，需要深度練習。在吸氣與吐氣間，我偷偷睜開眼，忍不住想著：現在的生活會不會坐吃山空？若有一天成為作家，粉絲數要怎麼增長？該規畫活動嗎？畢竟我曾經是做廣告行銷，效益太差會不會顯得不專業？

但靜坐一陣子後，我逐漸充飽電力，漸漸順應身體所需，想起之前做的衛生棉廣告文案：「**聽身體的話**」，我想聽它會帶我到哪裡。世界少了我的規畫好像也沒什麼變化，神奇的是身體所開啟的自動導航模式能量很強，每天自然睡、自然醒，我體驗了從未有過的日子，看到了未曾看過的風景。

室友L先生因為沒錢，不得已只好請公司開證明，領了幾個月的失業補助金過日子。我也曾經領過兩次，一度覺得尷尬，但還是很慶幸最終去申辦了。現在回想起來，也沒什麼好羞恥的。人生起起落落落落落……尤其是新冠疫情長達三年，很多人受到巨大影響。最嚴重的時候有旅遊業失業潮、商店倒閉潮，隔年換科技業裁員潮、幣圈與銀行業破產，連大集團都被逼著重新檢視組織的財務規畫。

我們要學習的是，當黑天鵝、灰犀牛來臨，給自己一次心境歸零的機會。但存款可不能同步歸零，毫無資產規畫會把機會變成重擊。無論是各種社會補助、小額信貸、朋友救急、參加比賽，只要放下無謂的面子與堅持，就能化危機為轉機。要活著，才有機會摸索出理想生活，也才有機會發現……其實理想生活，可能不需要太多錢。

遊民投資法：懶得管、躺著賺

「我不想謀生，我想要生活，我沒有錢用，但我懶得去賺。」——英國劇作家，奧斯卡・王爾德（Oscar Wilde）

懶得賺就躺著賺吧！三十七歲前不只是月光仙子還負債的我，既沒有遺產可繼承、沒有中樂透頭獎、沒有省錢絕招、沒有認「乾爹」、沒有嫁入豪門，沒成為創業女強人、更沒有遇到被大老闆看上的傳奇反轉故事，為什麼在四十二歲就能財富與人生雙自由呢？

理財大師說：「不可能靠死薪水就財富自由。」但我確實純粹只有勞動收入，這一切的源頭是當初決定去海外工作，爭取高薪的職位，還有神隊友（一樣只有勞動收入）的協助。做了五年兩個月，我們一賺到心中的安全線後就秒速辭職。一天都不多賺，夠就好，夠就是最好。

責任已放下，該上架我的新生活了

曾經以為我與理想生活無緣。從上班開始，要支付北漂租屋水電網路費用、日常開銷、學貸、家用。光是家用，每月就去掉薪水的三分之一。時間像乳溝，擠一下就有，存錢卻像熨斗，帳戶永遠一片平坦。這種狀況直到三十一歲，媽媽看上一間夢想房子後，情況加劇。原以為薪水調漲至四萬出頭，便能存點小錢，卻又均質回歸。一樣三分之一奉獻給家用與……房貸。

同年父親過世，急忙去辦理拋棄繼承。他生前的大筆賭債已算不清，櫃檯小姐看向我緩緩地說：「戶頭有一點股票，妳不要嗎？」欸？連ATM都不會用的父親，怎麼會買股票？應該是工廠老闆幫他買的。沒想到結清證券行帳戶竟然有十三萬，分毫不差地全用來辦完父親的葬禮。那些來葬禮追討賭債的人，因沒有收據只好作罷，也或許是知道我們沒錢還吧？

三十九歲那年，年初時母親意外摔倒，二進二出醫院。長期的糖尿病也讓她身體狀況更差，幾個月後就因血糖過低陷入昏迷，八個多月後便過世了。這之間住院、搶救治療等花了一百多萬。當初我跟母親說：「我的專長是廣告，不是看護，我能做的就是花錢請專業的來。」這樣有底氣，有賴於當時薪水很高，姊姊也願意共同分攤。最後，母親戶頭留下勞退的六十萬元。突然間，一直以來的責任放下了，本來固定往家裡轉帳的動作取消了，我才開始面對自己的理財規畫。

在此之前，每次看到理財節目上的達人多是科技類的工程師，有著遙不可及的薪資與股票。啊～做廣告的社畜要退休，簡直異想天開、癡心妄想、做白日夢吧！在廣告圈大部分的現狀與焦慮多是：「明天、意外不知誰先到，及時行樂才是王道。」「都沒時間睡覺了，哪有時間想未來，更沒空規畫理財。」「廣告人的創意靈魂，用來學理財太商人，拿來談錢太現實。」「高收入也超高壓，花錢才紓壓。」「沒正職也能靠接案生活，收入不間斷是誤區。」「我們就是歸零膏大戶（通常會存一筆錢後，用於繼續讀書、旅行、尋找自我的休假，或圓夢開品牌、咖啡店）。」

自己的人生，才是最重要的工作

廣告人面對人生，多是在酒局中互訴紓壓。我不禁想，花盡了百分百的心力在工作上，擬策略、想創意、說服客戶、執行案子，還免不了有角力戰，卻不曾花一分鐘為自己思考人生該怎麼過。

於是，我把自己當成最大的客戶，我的人生便是我最看重的案子。每天挪出一點時間，用廣告所學到的知識，為理想的遊民生活擬定出方向與計畫，並確實執行。

我最大的目標是：希望未來的日子能寫喜歡的文，若有壓力也是來自對作品的要求，而非被生活所迫。三十九歲才開始理財，為時並不晚。回頭看，連我自己也沒想過四十二歲竟然退（社畜）圈了。這中間沒有上演逆襲爽劇那樣過癮，但一路的累積都是養分。三〇％運氣雖不比六〇％運氣強，但只要（不想上班的）信念夠強烈，理想生活最終還是能成真。

回台前，上海廣告圈同為台灣人的好友問我：「妳帶著這幾年賺的錢打算休息多久？」我回：「一輩子。」她驚訝地看著我，拜我為理財小老師。

首先，理財前要有財。簡單的數學：十萬就算百分百獲利也只有十萬，千萬的一〇%獲利就有一百萬。馬雲、巴菲特也是靠勞力賺到第一桶金，**想辦法提高收入才是王道，賺到夠用的錢不難，結合自身的環境、個人能力、優勢、時間去賺錢，才更有效率**。兼職斜槓、跳槽、換環境、換跑道、創業、打造個人品牌等等，每個人的理想生活與需求都不同，達到目標的方法也是千萬種，我的方法只是其中一種路徑。

我身邊有很多朋友選擇去海外工作，像是日本、南韓、新加坡等；還有更多人身兼數職、多重斜槓，賣手工皂、水晶能量石、兼差寫文、攝影等。疫情催生出物流運輸的需求，原本就視為彈性兼差的外賣、快遞、貨運等工作，也提供了不同的賺錢機會。

當然，如果能專注本業進而提升收入也是最好，因本業額外多出收入也是不錯的方法。畢竟，連睡眠都不足的廣告人真的沒有時間斜槓。我曾經也為了想多賺點錢，邊上班邊網拍賣衣服（現在叫電商），結果忙到無法兼顧、焦頭爛額。許多客人根本還沒匯款就收到衣服，常常上班時還在回客人的問題，更因此惹怒了本業的老闆，失去自我提升的機會。最糟的是甚至丟掉身體健康，這樣下來反而得不償失。

再次溫馨提醒，請大家各自拿捏。

不要過度關注，保持閒適生活

什麼都不懂的我，一開始是分批買最保守的儲蓄定存，時間多為半年到一年。當時在上海有個微信綁定的短期儲蓄商品叫「類定存」，利息有四%以上。可以依次小筆購買，金錢運用上較靈活，有急用時不必一次解約。我認為最重要的是正確的心態。投資不是賭博，我們也不是鹹魚，不要成天想翻身。那些可以一夜致富的方法，都寫在刑法裡，或在去柬埔寨的路上。這種比買彩券還低機率、高危險的方式就不考慮了。

知名的幾位理財專家們幾乎都說：「理財首先要從記帳開始。」想當然耳……懶人如我，肯定懶得照做。我只用分帳戶的方式，一領到薪水就留下當月生活費，剩下的就轉到另一個神祕（很難提領的）帳戶。

中國自媒體作家「半佛仙人」曾說：「保證自己不犯錯、不踩坑，你就贏九〇％的人了。」這理論在股市中充分展現。資深韭菜們時刻殺進殺出，現實中我們永遠不可能猜到漲跌，最後多是慘賠。這時懶得動的人雖然沒跟到漲勢，但比起瞎操作至少沒賠。更進階一點可以選擇不單押個股、買ＥＴＦ，定期定額自動扣款的懶人又多了一點贏面。

我不想替自己制定太繁複的理財計畫，所以我的計畫很簡單，一句話就能說完：「**定數定額買ＥＴＦ**」理念是：「**懶得管、躺著賺**」；策略是：「**不做賭徒，要做個沒有感情的投資機器**」。有朋友說，這樣的投資方法太無聊，但我想過得閑適，不因股市漲跌影響我遊手好閒，所以越簡單越好。App設好漲跌的提醒，訂好規則按表操課即可。

方法千萬種，人人都不同。詐騙大師說：「別以為自己絕不會被騙，只是還沒出現能騙倒你的局。」同理可證，財富自由絕對可能，只是還沒找到適合你的方法而已。

從上海返台的第一年，仔細地計算後，鄉下老家的租金貢獻度每年不到一．五％，比定存還差。跟姐姐討論過後，便毫不留戀地賣掉房子。很幸運地，賣在房市還不錯的時候，對於我的資產錦上添了小花。

我不買儲蓄或投資型保險，二十三歲時已經買了基礎型保險，三十九歲時再微微調高醫療保險的部分，並定期做健康檢查，身心健康才是最重要的投資。主動收入僅有一個固定的品牌行銷案，收入甚微（一個月平均二至五千），稱得上是毫無貢獻。

這樣操作下來，即便在經濟不被看好的情況下，二〇二一年到二〇二三年間，我的資產是否跟我本人一樣完全沒長進？

錯！我的資產一點也沒有減少，等於我「躺」了兩年都免費。不過，我也不只是躺著……我還去環島旅行兩次、國內小旅行N次、買了一台Jimny二手車、整修七坪小套房、帶姪女去東京迪士尼、二十三天的土耳其＋保加利亞＋希臘之旅、九天八夜的胡志明市之旅，還加上日常吃吃喝喝的朋友聚會、給公婆的孝親費、長輩小孩紅包禮物等……

幾乎沒有勞力收入的這兩年，神奇的是食衣住行育樂所有開銷全部免費。

上流遊民的懶人理財法

❶**牛長熊短：**預留兩年的生活費與緊急備用金。

❷**細水長流：**年估平均七%投報率。

❸**放眼世界、投資全球：**美股、台股、陸（港）股分配比例為六：二：二。

❹**多買ETF：**美股就買Vanguard標普500指數ETF（VOO）與Invesco那斯達克100指數ETF（QQQ），並考慮加入Vanguard全世界股票ETF（VT）。台股則布局成長性ETF（像是0050、006208）加上高股息ETF（像是00713、00878）各半。陸股則是中證500。若買個股，絕不超過資產的十分之一。

❺**定數定額：**跌則進，漲則收割，並按漲跌數字分批投入與分批賣出，例如：平均線跌一〇%，投入十分之一資金；漲一〇%賣十分之一，以此類推（依照熊牛市自訂）。

❻**非必要勿擾：**每半年結算一次資產。

第4站

不務正業

「我成天琢磨的都是如何不用工作，也能維持自由玩樂的生活。」——作家，松浦彌太郎

「他不務正業！沒完沒了！」這不是爺爺罵孫子的話，而是半導體分析師陸行之在二〇二二年底時，酸特斯拉（Tesla）執行長伊隆・馬斯克（Elon Musk）的說法。當時馬斯克破天荒收購推特（Twitter，已改名為X），再加上各種延誤交車的狀況、電動車需求明顯下滑等原因，導致特斯拉股價一路重挫。馬斯克從來就不是專注的人，做電動汽車、發展無人駕駛及飛天道路、成立太空探索技術公司（Space X），妄想透過星鏈衛星帶人類移民火

星，據說還植過髮？因為太喜歡玩推特，所以他直接買下公司。這樣的他多次蟬聯世界首富，一手打造的企業都成為創新科技的領先指標。

馬斯克和比爾．蓋茲一樣是個輟學生。他曾說：「我上大學只是為了多玩一下。」大學時期的馬斯克很愛玩，把妹、上夜店樣樣來。出社會後，一個星期卻大約有八十到一百個小時都在工作！我想他呼應了比爾．蓋茲說的話：**「成功的祕訣，就是把工作視為遊戲。」**

用我的幼稚和社會鬥智

我很喜歡中國綜藝節目《奇葩說》第七季的一位選手小鹿。有道辯題是：「身邊同齡的人都過得比我好，我要不要玩命追？」小鹿說：「當然要追！玩命和拚命不同，『拼』樂高聽起來很辛苦，『玩』樂高就很快樂！」

出社會若把「工作當兒戲」，長輩會叫你乾脆回老家，還會時不時丟來一句殺手鐧：「這能當飯吃嗎？」

高中時我去救國團學素描，媽媽說：「畫畫能當飯吃嗎？」大學時選擇商業設計系，媽媽又重複N次的套用句式。甚至連中原大學商業設計系的畢展海報上都寫著：「媽媽叫我不要念設計系！」彷彿做喜歡的事就是不務正業，做討厭的事才是工作。

但在廣告圈，還是有很多好玩的事。在紅門時期，我們組裝了一個七七七的吃角子老虎遊戲，每人每天進辦公室有一次機會抽咖啡；端午節又做了一款線上划龍舟的遊戲，大家組隊參加比賽，空中划船比手速。我們組大概技術超群，沒有作弊，最後贏得獎金（題外話是，我也同樣把「婚姻當兒戲」，至今快樂地沒回過娘家）！

收禮物、收抖內，就是不收心

每當要開工，總要經歷一連串自我說服，嘴裡叨念著：「我愛工作、我愛工作……工作使我快樂……」的口訣；小時候就算開學，卻也覺得能看到同學很興奮。上班之所以討厭，正是背負了太多我們不喜歡的事：浪費時間的會議、言不由衷的應酬、惱人的客戶、無止境的加班、同儕的競爭、做不完的事情、鬼打牆的提案，更甚者是減薪、裁員、無薪（心）假……

幻想一下，如果工作就像在玩，像小時候玩到忘記時間、忘記自我、忘記回家，根本不需要一系列魔幻的收心操呢？因為喜歡，那股力量會把工作變成玩樂。誰說人生不能一直玩下去？玩才是回歸「正常」，那些年節的聚餐或拜年反而像是工作。

這世界上有很多人只是單純做著喜歡的事，最後莫名得到收穫與收益。像是旅行網紅、美食家、運動家、表演工作者……這一路上當然也會遇到困難，但他們把各種難題當成遊戲中的升級打怪，便不覺得痛苦。反而得到沉浸式的快樂、體會破關的開心。世界管理大師大前研一，就以自身經驗教大家學會什麼是「有計畫的休閒方式（**編按：例如有效度過「個人時間」的書房活用術、在周四晚上進行「家庭的定期檢查」等活用下班的時間，讓人生更多采多姿**）」，抱持與年齡不相稱的精神，積極玩樂，讓人生更豐富，他更說「業精於勤，而荒於嬉」是一種不合時宜的時代錯誤。

當我們能找到樂此不疲的事、真心熱愛生活、一直處在玩樂的狀態，工作便如同遊戲、餘生皆是假期。願此生，我們都不須再收心。

與社會格格不入才不BLUE

從幼稚懵懂的青少年到成年，從家園、校園到踏入社會，我們都長為成熟大人了嗎？

日本札幌啤酒（SAPPORO）在二〇一〇年拍攝了一系列廣告，篇名是「大人的電梯」，結尾呼應包裝上的星星而有這句Slogan（口號）：「不要變成圓，變成星星吧！」

他們花了八年，邀請北野武、坂本龍一、竹中直人、中川雅也、星野源、庵野秀明等人來聊聊：「什麼是大人？」妻夫木聰乘坐木質的復古電梯，按下樓層按鍵，每次電梯門一開啟，就會遇見不同的人，碰撞出不同的火花。所謂大人，就是人人都不同，但都綻放著光芒。

「什麼是大人？」

北野武說：「我想認爲自己是『大人』的時候，應該就是想起年少輕狂做的荒唐事，而覺得可恥的時候吧。」

中川雅也覺得：「所謂的大人，只是小孩子想像出來的產物。我想像中的自己，是比現在更成熟的大人才對。」

星野源表示：「有點像海市蜃樓。無論我如何成長，總是在遙遠的前方，好像怎麼都沒辦法企及。」

竹中直人認為：「不斷感到迷茫的存在。」

高田純次笑談：「能夠負起責任的人。但我不會負責就是了。」

中田英壽這樣講：「我雖然變成四十歲的大人，還是想做回小孩子。」

「什麼是大人？」

電影《藍色大門》在結尾時，張士豪對孟克柔這麼說：「但總是會留下一些什麼吧，留下什麼，我們就變成什麼樣的大人。」

但長大後被社會逐漸磨圓，大人們的個性也漸漸模糊。為了融入團體，成為「看破不說破」的高情商分子。做著人人欽羨的工作、擁有光鮮亮麗的成就、遇上好到不真實的另一半，都如同配戴在身上的徽章閃閃發光，一一蒐集到就值得驕傲了！但會不會成為夢想中的人物，才發現是場惡夢呢？

意外的是，當時我嚮往四十歲能以遊民精神過生活，允許自己任性自由。然而，我直到四十二歲才做到。幸福來得晚，因此更珍惜現在，因為心裡清楚知道真正原始的自己始終還在，被社會磨圓的性格只是表面（所以職涯才這麼坎坷吧？）

總是壓抑過久起身衝撞的我勝利了！率先的士會先「卒」，但突圍更有一番風景。我一直有點喜歡與社會格格不入的自己。

那些沒路用的工作，都為我的財富鋪路

當三百六十五行士農工商已成歷史博物館的文物收藏，長輩們的口中仍時不時講出「做這種沒路用的工作，一世人撿角（台語，指沒出息）啦！」「一直跳槽，哩安捏歸組害了了（台語，指壞掉了）！」這種話。

YouTuber、直播主、電競選手、NFT（Non-fungible Token，非同質化代幣）、幣圈挖礦、元宇宙……眾多新新產業放到十幾年前，大概就是一批沉迷遊戲、網癮中毒的不良少年仔。

廣告教父大衛·奧格威（David Ogilvy）說：「人生沒有徒勞。」李宗盛高唱：「人生沒有白走的路，每一步都算數。」誰知道呢？很多時候以為沒出息，在未來都是金包銀。

舉著反旗的人說，能出頭者都只是倖存者偏差，但只要還活著，你我都是倖存者偏差，夠幸運的人才能活著。

我們都知道選擇比努力重要，但什麼才是好選擇？我想，就是去追尋喜歡的事、過喜歡的生活吧！至少這過程是自己選擇的、是享受的，就某方面而言就是賺到。即便結果失敗，親手毀掉的人也是自己，肯定比沒做出選擇來得不後悔。

只有「沒錄用」的工作，哪來「沒路用」的工作

二十四歲第一次成了無業遊民。因為好玩，曾在網路上賣衣。獨自一人去松山五分埔批貨，越做越大，還因為固定拿貨在某家店拿到ＶＩＰ，享有「借衣服拍照後可歸還，不用累積庫存」的優惠。老闆夫妻後來好奇我拿的款式為何都大賣？想請我跟他兒子去廣州挑貨，年底還邀我一起吃年夜飯（怎麼有種差點嫁入批發業成為成衣媳婦的走向？）。如果答應的話，大概就是「西京著衣女王成功學」另一個故事了吧！但我依然選擇獨自運作，並隻身前往廣州訂製獨家單品。憑一己之力，月收入竟比當上班族時還好。

十年後，又迎來第二次無業遊民。一位朋友找我創立健康食品品牌：微田水氣。新生的小品牌沒預算，包裝便是CP值最高的廣告，於是便把大量文字放在包裝上。在當時的台灣應該算是創舉吧？

因為品牌想貼近女性的工作、生活、情感，於是有了這些讓人會心一笑

的包裝文字：

果乾：「幸福不肥，是我們給全天下女生熱戀的基本權利。」「愛人走了身材不能走山，是我們給全天下女生失戀的基本權利。」

雙味果乾：「不留戀才是最好的遇見，雙手高舉向你揮別，再見脂肪先生，永不見。」「離開後，最好的報復就是連你的分過得更好，謝謝你，我只剩這個報復，再見脂肪先生，像愛情一樣過去。」

雙層果醬：「『我好愛你，也好愛他。』我的舌頭說。」「絕不腳踏兩條船，只有我的舌頭可以。」

情人節禮盒：「取悅自己是我取悅你的方式，捉摸不定只為了讓你永遠視我為新歡。」

沒想到效果異常地好，女生拉著男伴說：「你看這文案好有意思喔～」

後來連男生也會買，結帳時更對我說：「我是因為文案才買的。」

初期投入十萬，短短三個月就回本，粉絲數破萬。此後，品牌登上許多兩岸三地的媒體、時尚雜誌……去了上海工作後，同組的組員轉發媒體報導問我：「這個文字該不會是妳寫的吧？」這是紅到對岸去了嗎？原來許多陸客跨海購買，在媒體上分享了商品的文案。甚至每年情人節、五月二十日、聖誕節等，還跟 Tiffany 求婚戒等品牌，一起被選為最心動的撩人文案！滿滿虛榮感上身啊！（其實，當年 Tiffany 廣告中的文案也是我寫的。沒想到吧?!讓我驕傲一下！）

我深深感受到那種與人共鳴、心有靈犀、被理解的深入交流。原來透過文字，會把陌生人變成靈魂知己，更因微田水氣這個品牌，認識了不同圈子且很有意思的人，發生許多沒想到的美好。

轉戰上海前，人事部先打電話給我說：「我查了一下，你在台北紅門的薪水不太高耶……」因為同集團有權限查詢內部資料，所以她肯定沒騙人，但這個開場白很明顯就是砍薪水的節奏。我回：「我知道，但我的上一份工作不是台北紅門廣告，而是自創品牌喔～」她笑了笑：「也是，妳是老闆，要說賺多少都可以。」

就這樣，這個自創品牌還幫了我談到一個待遇不錯的職位，不小心開啟了財富之路第一站。當然我也沒說謊，創業的收入確實比普通上班族薪水要好一點。也許繼續經營下去，人生會有不同的風景。但衡量過後，我更想接觸國際視野與不同玩法的廣告，最終選擇離開台灣。但這段經歷，是我人生最寶貴的時光之一。

最「走精」的工作最「招金」

小學時，班上都會有個「紅十字會樂捐」的公益活動。當時我就想，我們家那麼窮，為什麼還要捐給其他人？出社會後我拚命努力脫離貧窮、擺脫平凡，結果……卻活得更平凡了。後來我才發現：天生含金湯匙出生的有錢人，怎麼都比不過。貧窮這件事也是一樣，不比人窮，就得捐給更窮的人。窮也逃不過「內捲」，不要精緻窮，而是要極致窮，要窮得與眾不同、窮得勵志動人，才能活得不凡。社會既定的一套範式，把我們都變成平凡的多胞胎，形成一個圈層，再形成一個世代。

天下父母一定都期望小孩成為老師或公務人員，覺得這是最正經、最安穩的工作。但我的高三導師倒不這麼做，他指定一個百米跑二十六秒的人（就是我），成為大隊接力的倒數第二棒。這個出奇不意的決定，讓不凡的經歷就此發生。

從第二棒落後開始，運動會成為舞林高手擂台，有人跳天鵝湖、街舞、民俗舞蹈、演唱會式的明星揮手，尾聲還來個花式接棒。落後幾圈了？那不重要，其他班學生不喊加油，直接加入我們的跳舞接力秀，變成兔子舞。台上老師、校長拿麥克風吶喊：「ＸＸ班，請尊重運動規則，拿出運動家精神，認真跑！」這場運動會讓學業體育都不突出的一班變成終極一班、風雲人物。校長老師們氣急敗壞、學生們笑得東倒西歪，那景象永遠在我腦海。

最後頒獎台上根本沒人記得哪一班拿下接力賽的第一名，只記得我們班，因為我們直接竄改運動會的規則。既然跑不贏，就放心玩吧！

歪打正著，活得更好

以前的廣告人夢想開咖啡店，如今的廣告人則轉行當人類學老師、在中藥行賣藥兼寫作，還有人變身脫口秀演員。把不正經做成正經事，那些人生歪理，放到今日反而活得有理。

歪理一：靠別人養也能活，被討厭又不會死。

日本有位二十五歲的無業遊民中島太一。他的人生準則就是——用他人的金錢維生，靠著「被請客」在推特吸引十萬人追蹤。要請他吃飯可不只花錢了事就好，請客的人要有有趣的人設、豐富的學經歷及故事。中島隱藏聊天內容、身分識別度後，在付費部落格上發文。「別人請吃飯、貢獻故事，他再寫文」，如此形成另類的經濟循環。最終他年收入台幣三百萬元，創造一種「再廢也可以」的新生活可能。

日本還有一位資歷六十八年的啃老大帝。綜藝節目《跟拍到你家》（家、ついて行ってイイですか？）在路上遇見前田良久，這名老人帶領工作團隊回家，一開門像是走進垃圾山般，但山中有礦，他一直靠著父母的遺產過活。從小到大，他這生最大的堅持就是放棄，不管是升學、就業、婚姻一路棄守。他感嘆自己的一生沒有什麼意義，反問節目組活著的意義是什麼，更表示自己會在花光所有遺產後就直接白盡。不過我猜「自盡」這個做法，最後也會被他放棄吧！

有人啃得理直氣壯，有人啃得怨天尤人。人生的意義端看自己怎麼解讀。

歪理二：管我廢物或玩物，請租我。

出租自己是新世代誕生的工作。二〇一八年日本有位名叫森本祥司的男子，在推特創立帳號「什麼都不做的人」（レンタルなんもしない人）提供另類的出租服務。森本原在出版社上班，但過得很壓抑，於是決定辭掉工作「什麼都不做」，當個空氣人陪伴那些無法一個人度過的時刻。他的故事最後竟拍成日劇，引起廣大共鳴。不過現實生活中，他最終與老婆離婚了。無為而治的人生大概也治不了家庭，請自行考慮後果。

女生就不同了。男生可以當空氣人，女生呢？空氣娃娃嗎？在社會觀感下，男女差別很大。男生頂多是廢人，女生若出租自己就會被譏諷拜金、找乾爹、包養、被物化、出賣肉體靈魂等。日本年輕女性從出租女友到近年的「爸爸活」（パパ活，由年長男性付費，年輕女性陪同且不僅止於吃飯的交易），在疫情後更受到歡迎。

我覺得出租或包養其實反而是種負責任的供需關係。雖然這樣說不符合世俗的三觀，但談好價碼、你情我願簽合約。工作不分高低貴賤，但記得要成年。

歪理三：無聊當有趣，冷場最熱門。

廣告人常抱怨創意被客戶強姦，而流傳的解套方式就是：要避免被強姦，最好的辦法就是……自動打開雙腿。所以躺著（含淚把錢）賺根本一點都不輕鬆啊！邊睡邊賺才叫不費力。美國洛杉磯的「亞洲安迪」（Asian Andy）在睡覺時開直播，讓粉絲可以透過「抖內」（donate，捐款）吵醒自己，七小時就賺到台幣四十五萬。

之後陸續出現許多睡覺的直播主，悄然興起一股單純且無聊的直播。中國有個準備考研究所的女生蘇靜恆，直播的內容就是自習、寫作業，但每天有十幾萬人圍觀。還有挑出草莓籽、把麵團揉成米粒再煮成一鍋飯，挑戰正常人不會注意的自媒體，在疫情隔離期間特別受歡迎。以前會覺得「這麼無聊誰要看」，現代卻逆勢成長。現代人分分秒秒被超短影片、小遊戲、大量網路哏圖爆擊，被各種有趣綁架生活。快感越來越短。科學上說這是濫用多巴胺導致疲乏，此時無聊反而是一種放鬆與自由。就算不專心看，也不會錯過驚喜。我們不用時刻精彩，無聊一下反而能讓塞滿娛樂的生活釋放出空間。

《百吻巴黎》的作者楊雅晴，以接吻的方式表達在巴黎的各種美好相遇，是一場有創意的行動藝術。但是這個大膽之舉，在東方文化中顯得格外注目因而引發轟動，讓她在網上招來一大片謾罵。網友說她蕩婦、崇洋媚外，更被冠上「西餐妹」「哈洋屌」的稱號，遭到家中女性長輩的嚴厲指責。連她的朋友都說：「妳這樣嫁不出去了！」「很髒耶！」經過這些風波，她又做了「百吻台灣」的企畫，後來結婚生子，過得很有滋味。相比白開水，她的人生是紅酒，濃郁中充滿香氣。

人生道理不斷歪掉ＩＮＧ，自成另類道理，人生反而更有滋味。我決定人生要再「歪斜」一下，歪斜人生不無聊，不正經才好玩。

上流遊民的一〇〇+種生活方式

情場浪子到頭來可能會錯失真愛、兩頭空，但職場浪子一事無成也非一無所獲，從一而終的工作才失去更多可能。不依靠上班制度的日子，反而能過得更加滋潤；不上班能換到生活所需，更是一種以物易物的環保態度。

東京有家「未來食堂」紅極一時，只要工作五十分鐘就能換一份餐。

如果暫時不換餐，也可以留下一張免費食用券，留給下一個需要的人。據報導，越來越多人迷上這種不需要金錢的魅力，有空就向未來食堂報到。

這種形式中，大家最熟悉的應該是打工換宿。這是一種透過勞動力或專長，交換店家食物與住宿的旅行方式，同時結合工作與旅遊體驗，時間再長一點就成了打工度假。

二〇一三年澳洲昆士蘭旅遊局舉辦「世界最棒工作——大堡礁護島管理員」徵選活動，得到空前的成功，打中無數人嚮往自由的心，自在玩樂還能兼顧生活費。

過喜歡的生活，拿回只屬於自己的自由

邊旅行還能邊工作賺錢的人當中，最有名的應屬英國二十六歲的傑克·莫里斯（Jack Morris）吧！他厭倦清潔工的無聊工作，決心辭職去旅行。買了

一張單程機票前往曼谷，四個月後在斐濟遇見愛情，四年後搖身一變成為百萬粉絲、事業愛情雙收的超級名人。即便疫情當下無法遠行，他們就整年待在峇里島自家 Villa 度假。這樣的故事人人都愛聽，但我常想又有幾個能把單純的喜歡變成能賺錢的工作呢？

生活最不依賴上班制度的族群就是遊民了。以前廣告圈中總是會這樣調侃：「你能得獎，但能不能別再對遊民下手了？」這是因為大家都知道公益性質的廣告比較容易得獎，於是有一陣子的得獎作品便充滿了「幫助遊民」的主旋律：一會兒遊民們成為移動 Wifi，一會兒城市廣告牌全都成為替遊民指路的訊息。二〇一六年韓國釜山國際廣告節（AD STARS）斬獲年度大獎的韓國廣告，直接把聖誕燈飾纏繞在遊民身上，訴求人們別再假裝看不到，漠視這群需要被關心的群體。但如小魚廣告網所說：「有行動力做聖誕燈飾，為何不創造更有功能與效益的平台？」

關於這個問題，英國《大誌雜誌》（*The Big Issue*）鼓勵遊民們自謀其生，可藉由銷售雜誌獲取生活所得，正是給他們釣魚竿的最佳行銷範例。而蓋帝圖像（Getty Images）與德國的街頭遊民銷售雜誌《fiftyfifty》合作，展開重塑遊民形象的公益項目（Repicturing Homeless）。他們邀請一些流落街頭、常年無家可歸的遊民當模特兒，拍攝了一組各職業的定妝照，供全世界購買與下載圖片，所得長年用來幫助這些遊民。

美國阿肯色州的小岩城（Little Rock）則推出一個計畫——政府以時薪九．二五美元（一美元兌三十一台幣，約為新台幣兩百八十九元）聘雇遊民清掃垃圾。不僅街道變得乾淨，遊民們也能依靠這份薪水購買食物和衣物。聽起來似乎是個不錯的政策。

日本的宮川真紀子女士開設一人出版社，光是她自身的故事就已經讓人很好奇了，她所發行的小眾雜誌《工作文脈》（仕事文脈）更是充滿豐富的故事。雜誌內容以獨特角度報導各行各業，全是實踐不為人知創意生活與工作方式的人，有令人好奇的工作型態、船到橋頭自然直的生活方式，還有主動徵求雇用自己的公司、為了追求有機飲食生活而以狩獵為業的女性，以及一邊從事護理工作一邊四處遷徙的「遊牧護士」等。當紙本書或雜誌（跟傳統廣告）已漸入夕陽，還願意做著書、寫著文案、想著創意的人，這份工作絕對是他們的真愛。而且不畏艱難與低收入的大有人在，做著喜歡的事才是活著的意義。

韓國一位高學歷女生金藝智（김예지），在二十六歲放棄設計師的夢想轉做清潔工。她個性獨立、不擅社交，每每與人合作便倍感煎熬，甚至覺得生不如死。她認知到自己不適合群體的工作模式，轉做全職插畫家。然而現實重重打臉她：沒案子、沒客戶，求職信也沒回應。此時任職清潔工的媽媽建議她加入自己的行列，不用交際、不用加班，更能利用空閒時間畫畫。而且堅持下去，薪水還比菜鳥設計師高。然而周圍的朋友一片看衰，認為清潔工被取代性高、浪費生命。幾年後，她出版自傳形式的插畫書《我在做清潔工》（저 청소일 하는데요？），獲得一片好評。她現在依然一周花三天做清

潔工，其他時間則用來畫畫。在大集團上班人生才成功嗎？眼看著那些在大公司上班但很不快樂的人，金藝智說：「我踏實地做著清潔工，一邊畫畫做自己喜愛的事，我覺得自己很幸福。」

說到清潔工，〈會玩！六十八歲東北大叔跑全國各地當清潔工，只為看看這個世界！〉這篇文章吸引了我。文中提到這位大叔覺得「上車睡覺、下車尿尿」的旅行團沒意思，選擇打工旅行的方式，踏遍二十多座城市。不會韓文的他，用這種方式在韓國待了兩個多月，依靠打掃視野下方的街道換取抬頭的天空風景。所謂深度旅行是融入在地，在當地工作與生活，更是極其深度的旅行！

「現在的年輕人寧願送外賣，也不願意坐辦公室被老闆管！」來我家裡修水管的水電師父這樣說著。不過，在轉換工作期間，送外賣是個支撐生活、增加收入、換取自由時間的好方法。

與其過生活，不如玩生活

我在上海工作近六年，每回在街道、公園散步，或去中國各地旅行時，看到很多人不管吃喝玩樂、唱歌、練操、廣場舞……最後全架起腳架直播。有回到甘肅省張掖市的丹霞峽谷，當地的半日導遊突然感嘆起來，說公司要每個人都開抖音帳號，但她又不是小姐姐，根本吸引不了人。身為廣告人，聽到這馬上被點燃創意靈魂。

得知她是少數民族裕固族，原本是做音樂的，強項是吹薩克斯風，因為掙不了太多錢才兼差當導遊。我們建議她在七彩的峽谷中穿上裕固族服飾吹薩克斯風，行程或許還可以搭配《西遊記》的故事，讓大家玩變裝。據說中國最大的山西平遙古城，二〇二四年後要穿著漢服、換銅錢才能進城。聽起來就很有趣，讓我想去見識！不知道現在那位導遊有沒有透過我們的建議，繼續她的音樂夢想？

影片分享平台「嗶哩嗶哩」站有位粉絲數高達三百萬的中國古典音樂家「碰碰彭碰彭」（Jingxuan），穿上一身漢服在國外街頭彈古箏表演，帶給路人全新的體驗。精緻的打扮、悠揚的琴聲，搭配絕美的風景真是養眼、養耳還養心。

在台灣更是有太多成功跳脫現有工作的例子。很多 Podcast 主持人、YouTuber、編劇、音樂人、影音創作者，幾乎多半原本都做著別的工作，透過認識自己、找到心之所嚮，並大膽轉換跑道，今日才能成為在各領域閃閃發光的他們。

以前我妄想在巴黎街頭寫字賣藝，不知道可以換到什麼？一根迴紋針換到一幢房子的神話，機率或許跟中樂透一樣低。但如果能換到跳脫上班體制的生活片段，就很值得嘗試。

我們常抱怨這個時代的資源都被上一代搶走，導致現代年輕人難以生存。通膨物價飛漲、房價居高不下、萬年低薪，然而正因是這樣的時代，才能激發更多思考，促使我們找出更多生存的方式。

我們只要基本所需的物質，更重要的是：「你的人生想怎麼活？」地球有七十八億多人口，就有七十八億多個答案。有更令人嚮往的答案嗎？全看你怎麼回答。

看重生活，就會看淡一切

告別上班制度、告別原有的社畜生活、告別原本建立的圈子，好友及客戶們第一時間紛紛對我說：

「妳要休息多久？一年夠了吧？頂多兩年！」

「妳怎麼可能放棄這邊的高薪？」

「不出一年就覺得無聊了啦！」

「我保證一年後妳一定會回來上班。」

當上遊民的那天，我並沒有想像中瀟灑。我以為自己會立刻去ＫＴＶ瘋狂唱歌，第一首一定要點播〈自由〉，第二首則是〈解脫〉，然後錄成影片向世界宣告：「我終於過上夢想中的遊民生活了！」結果，當天什麼都沒做。到了第二年，我仍沒有百分百的自信能以這種態度繼續生活下去。偶爾也會想著，這樣的生活真能一直下去嗎？

本業的廣告文案工作時間每天減少到半小時，沒有收入的文章則花上二至三小時寫，其他時間改去小旅行、電影、書籍、展覽。這也讓我擔心，這樣的自己對社會有貢獻嗎？我的業餘產出有價值嗎？寫了這麼多有意義嗎？能帶給誰什麼靈感或想法嗎？

但有一點我很確定，我決定以自由的遊民生活方式繼續下去。

就像資深廚師一天工作八小時可以為很多人上菜，但他做得很倦怠、不開心。若有天他只花一個小時做菜，其他時間跑去衝浪，從表面看來產出價值大大降低，但換個角度思考，如果一直處於痛苦的狀態，人必須工作的意義又在哪裡呢？

人生不能重來，但可以試著預演遊民生活，不妨透過電影與日劇，提前感受一下當個上流遊民是什麼感覺？我推薦以下這些電影及戲劇，不僅適合裸辭，也適合想按下暫停健的人。

遊民生活的一百種方式，請盡情試試：

【日劇】：

- 《什麼都不做的出租先生》（レンタルなんもしない人）
- 《我的事說來話長》（俺の話は長い）
- 《凪的新生活》（凪のお暇）
- 《周休四日拜託了》（週休4日でお願いします）
- 《來住京都才知道》（ちょこっと京都に住んでみた）
- 《長假》（ロングバケーション）

■《海灘男孩》（ビーチボーイズ）
■《我要準時下班》（わたし、定時で帰ります）

【電影】

■《遊牧人生》（*Nomadland*）
■《白日夢冒險王》（*The Secret Life of Walter Mitty*）
■《小森食光 夏・秋／冬・春》（リトル・フォレスト 夏・秋／冬・春）

第5站

隨遇而安

「反正擔心或不擔心結果都一樣，這樣擔心不是很吃虧嗎？」——漫畫人物，櫻桃小丸子

台北紅門的創意部在九樓，同事多半會順手在一樓便利商店買早餐，我也是。才剛走進辦公室，同事便跟過來說：「怎麼不一起坐電梯上來？」

我不失禮貌微笑地回：「啊～剛剛結帳的時候沒看到你耶！」

這時老闆不知從哪冒出來，幽幽地說：「少來了！她就是『假朋友』！」

於是，我在公司就被封為「**假朋友教主**」。

保持一片海的社交距離

說真的，我很喜歡！這象徵我從「被（熱）情勒索的小菜鳥」，晉升為「資深的成熟社會人」了。

畢竟職場如夜店，從無真愛，離職後有聯絡才是真朋友。這個稱號帶給我許多「自由」，不用像小學生一樣等來等去，買早餐結完帳就直接上樓上班，吃午餐可以獨自行動大家也不感意外，面對同性同事一起去廁所的邀約也能乾脆拒絕，更不用等美術夥伴做完案子才下班（在廣告公司，文案組常常要等美術設計的執行，一等就要等到半夜才算完成工作。如果沒留下來等，一旦傳出去就有很大的機率被冠上「不負責任、一走了之、沒有團隊意識的老鼠屎」之名，跟渣男沒兩樣，名聲就此毀滅）。

我衷心感謝當時的夥伴對我說出那句很有義氣的話：「妳先走，不用等我！」我感動地熱淚盈眶，這比「我養你」更讓人激動。

後來遇見兩位星馬夥伴，逐成一種高效默契：我會在午前完成創意框架，美術夥伴可以睡晚一點順接我的檔案做，這樣的高效率足以應付滿坑滿谷的案子。

假朋友的真心話

在職場中偶爾才會碰到很聊得來的同事，但除非離職，放假時我絕不會跟同事相約。某次周五晚上，老闆在群裡傳訊來問這周末要不要聚餐？我看了手機隨即放下（不能已讀），大喝一口啤酒繼續跟朋友聊天。沒過多久，老闆竟然打電話給我，聲音略帶激動地問：「為什麼都沒人回訊息啊？」我（掐大腿）耐著心回：「或許大家都在聚餐吧？我——也——是。」這種情形發生好幾次後，老闆終於知道約在假日聚餐肯定破局，原因只有一個：假日看到職場上的人，不管是聚餐、唱歌、爬山、露營……那都叫「加班」。

廣告公司老闆們的夢想之一，就是成為組員零距離的真朋友。因為是朋友，就能為他兩肋插刀在所不惜，槍林、彈雨、黑鍋來都不怕！有朋友來扛！不管老闆換到哪家公司，都忠心耿耿追隨，不侍二君，這是職場中最浪漫的事了吧?!

那我還是背負「假朋友教主」之名好了。一位很會談薪水的同事，有次跟我分享職場生存祕訣就是——不把老闆當朋友，保持距離更客觀；不因（虛無飄渺、一廂情願的）情感綁架而不敢不做，或不敢提加薪升職。經過她大師般的指導，我第一次把自己的成績及未來展望都列出來做成提案，像對待客戶般準備簡報，那次的升職加薪談得意外地好。

我最喜歡的經典廣告之一「Bobson 牛仔褲」，看似情場的文案卻也一語道破職場：

「不讓你靠近

你才會靠我更近
走在你前面
你才會懂得把我放在前面
離你遠一點
我們的愛情（任何情）才能走得遠一點……」

距離產生美感，更帶有美德

「社交距離」在二〇二〇年初，因全球大疫情而「發揚光大」。每個人被迫保持距離，自我隔離地工作、用餐與生活，讓「芬蘭式社交」紅極一時。因為芬蘭人排隊時會保持一公尺間距，公園椅也設計成錯落的模樣避免視線對視，簡直是社恐人的完美國度。有次我去杭州出差，排隊買高鐵車票時，排在後面的老伯近到彷彿把呼吸的氣息直接噴到我的脖子上，瞬間讓人寒毛直豎。我試著使出左右偏移站法，但還得回到主線，不然後面的大媽可能會藉機上位，還理直氣壯地反譏：「欸~妳明明是站在另一排啊！」

我們都知道「相濡以沫」，但很多人不知道下一句是：「不如相忘於江湖。」這句話源自《莊子》，意思是：泉水乾了，魚兒吐沫互相濕潤，何不各自到大江大湖裡去更自由。我任性地解讀為：既然有各自的展望就別互相拖累。三島由紀夫說：「人類最應該向貓看齊。因為再沒有比貓更冷淡、更無情、更任性，並且絕不任由人類擺弄的動物了！因此，我也想要模仿貓，盡量讓自己變得冷淡、薄情、麻木不仁、自主獨立……而且，只在想吃魚的時候，才願意發出撒嬌的喵喵聲。」

貓為何這麼有吸引力？因為牠懂得保持距離，為何人類偏偏總覺得零距離才是親密？我想，或許更多時候這是出於一種「急於證明自己的地位與價值」「刷存在感保安心」的心態吧？

沒有距離只會讓人窒息，所以**「保持距離，以策安全」**這句話無論是職場江湖情、友情、師生情、愛情、親情、寵物情……都適用。連地球都必須跟小行星保持距離，才能公轉與自轉。

當上遊民後，沒有既定的工作與行程、沒有外在的連結，手機跟我一起安靜下來了，心境如同田馥甄的那首歌〈離島〉：「世界和我禮貌微笑……我疏離得很舒服，不想治療。」隔著一片海的距離剛好，收訊只要一格就好。我要與世界保持「君子之交淡如水」的距離，內心才有位置留給真實的自己，才有空間放置快樂。

淡才不膩，淡才長遠，淡但豐富。

退而不休才優秀？我不想變成老不休！

「最後一個男朋友」，意味著感情進展到下個階段，邁入婚姻；「最後一次離職」，代表人生進階到新篇章。最後一天上班時，我當下光速退掉上百個群組。若等人來把自己踢出去……畫面就太美了不忍卒睹。

上班族們總是嚷嚷著好想退休，但真到了那一天，退休症候群便悄悄上身。我看過太多長輩在退休後覺得空虛焦慮，不知道要幹嘛。因為他們一生不是奉獻給公司，就是奉獻給家人。一旦沒了工作，一天二十四小時就無事可做，更覺得自己毫無價值、在社會或家庭中沒有一席之地，成了小透明。對比在職場上呼風喚雨，退休後連一隻貓都叫不來。

我婆婆最常說的一句話就是：「有什麼事讓我來做？」推薦她做志工或社區服務，她沒太大興趣，寧可為自家人服務；幫她報名舞蹈課或語言班繼續深造修研，她也提不起勁。

但這件事的根本是——到底為何要倡導退休後得好好安排生活？排得滿滿當當才叫充實、要有計畫不然會萎靡不振。結果好不容易脫離上班的壓力，又陷入另一種壓力。

退休生活從斷聯那天開始

多數人工作辛勤苦幹三十至四十年，很少可以真正休息。退休要學的可能不是「退而不休」，而是「休」吧？為此，我特別看了一些書：《不工作：為什麼我們該停手》（*Not Working*）、《如何「無所事事」：一種對注意力經濟的抵抗》（*How to Do Nothing*）……這才驚覺當了多年社畜的我，一旦退休卻連怎樣才叫休息都不懂。自以為要開啟第二人生，就是用旅行、娛樂填滿生活，但這樣只是從「被工作綁架」，再到「被數位娛樂綁架」而已。

從退群開始的退休生活，只是一個起點。在這過程中，我逐漸體會了「休」的奧義：讓一切靜下來、斷掉任何連結（尤其是網路）、觀察自己是誰？在哪裡？正在做什麼？不用過度計畫、不需要社群平台上漂亮圖片的儀式感來充數，日子一樣很舒服。消失的職稱並沒有讓我感覺失去了一切。貓還是叫得來（因為牠夠貪吃，有零食馬上飛奔而來），沒有排程也不覺得浪費時間、沒有訂下新的目標（像是寫出多少字、運動多少次、百岳爬幾次、學習新技能、增進廚藝……）也不感到人生沒意義。

然而我覺得最好的「休」是察覺自我內心的渴求，進一步做能讓身心快樂的事。不用刻意規畫，身體就會自動導航行動。

如果退休後每天「吃飽打電動、累了就去睡」也沒有不好。但是當那種順從原始欲望的快樂感逐漸消失，取而代之的卻是對生活感到無趣時，我們也會察覺並進行調整，再找出下一個讓自己快樂的事。當然，退休的前提是不再需要為錢而工作，真的能退休了也無須過度勉強自己成為社會定義的「退而不休」。我可不想成為「老不休」啊！

沒有房，才能處處為家

「我不是沒有家，我只是沒有房子。」（I'm not homeless, I'm just houseless.）——《遊牧人生》（*Nomadland*）

「哼！我才不羨慕買房。」

這句話既酸也不真實。我是個俗不可耐的凡人，天生並不自帶「不買房」的超脫靈魂。小時候家裡的租房很破舊，國小的社會老師來家庭訪問後，隔天帶著一絲鄙夷的眼神對我說：「妳家好窮喔～紗窗破掉都換不起嗎？」

國小六年級時，一家四口搬到約十坪大的兩層小房。同學到我家玩之後，跟其他同學說：「她家好小啊！大概只有三張課桌椅大耶！」從此我也不好意思邀請朋友來家裡玩。也因為如此，我從小就嚮往住在附庭院的大別墅。隨著長大被現實洗臉，別墅當然就成了一場夢。但我很喜歡看別人如何設計房子、居住空間及動線規畫，日本的《全民住宅改造王》（大改造！劇的ビフォーアフター）是我最喜歡的節目之一，常常投入到跟著主人一起哭。

第一次與男友存到第一桶金時，在好友的鼓勵下去看了民生社區的房子。其實完全買不起，但那種經歷很有趣：幻想著這邊放沙發、這裡是工作區、這邊是臥室……我也看了很多裝潢與美食家的家中布置，如果家裡視野超棒又美麗，住起來舒適，朋友來作客也能有美好回憶。

一開始也會想，明明我這麼努力賺錢，怎麼回到台灣還是兩人住在不到七坪的鄉下地方套房？看到 F.I.R.E 族的先驅 Winnie 小姐前陣子竟然也買房了！不甘心地上網搜尋夢想中的河景房。台北市就不說了，一坪百萬以上，新北市江翠區一坪則要七十至八十萬以上，三重新建案一坪也要六十萬起跳，偏遠一點或中古屋則是約四十至五十萬。套句網友的留言：「工作一年，不吃不喝也買不起一坪！」

一定要買房嗎？好好生活就是家

房產大師說：「自住就不用考慮漲幅。」但凡人心中總是幻想自住房未來能漲價當然更好啊！不然何必簽下三十年的賣身契呢？裝潢、房貸利息、修繕、持有稅等也都是成本。買房派朋友提出的理論很實在：若買在交通要道，房價仍有上漲空間，且想轉租的租金投報率不低，可以讓房客幫忙繳房貸。四十五歲前貸款，能申請到三十年房貸，老了再買就沒優勢；首購族更好，可貸款成數很高；再加上擁有一間房比較安心、可以建立自己的生活模式、透過喜歡的布置提高生活品質、老了不怕沒地方住或沒人願意承租等等心理層面的因素。

我認同買房是種不錯的強迫儲蓄手段，也同意不少人因買房創造出被動收入並致富。但少子化的未來，「以房養老」還可行嗎？一定要透過買房才能財富自由嗎？我想答案是不一定的。

日本的川柳文學（**編按：日文定型詩之一，與俳句一樣按照五、七、五個日文音節順序排列。多半以口語為主，用於表達心情或諷刺時事**）中，名為「火焰羅」（炎のロ）的投稿者這樣寫著：

「房貸都沒還完
又要開始
買墓地了」

王陽明牧師以《窮得只剩下錢》一書，闡明精神富足的世界。現在則是有很多人「窮得只剩下房」。老了沒房住不是因為沒房，而是沒錢。

當我還在為了自由生活努力工作賺著錢，台灣房價已經漲到像名牌的溢價程度。沒趕上買房投報率高的年代，回頭看房價已登天。我不會歸咎於運氣，但更慶幸我得以仔細思考自己真正需要及想要的是什麼。對我來說，三十年房貸像是被判了有期徒刑，必須長期出賣勞力還債，繼續當屋奴。於是，我決定拿買房的錢當作投資基金，並降低居住成本，找一處鄉下地方的套房。目前（微量）的工作不用常去台北，網路發達更可以不受地理限制，整座城市都可以是辦公室。

我的理想生活是多看看世界，而不是住（困）在理想的房子中。

多數人把買房當成夢想之一，但若是唯一夢想，這樣的人生未免太無聊了吧？在「有土斯有財」的社會標籤下，沒有房子的人或許不算財富自由，但我覺得人生自由更有價，更沒有房子的牽掛，還省下一堆時間（到處看一百次房、買房簽約、維護房子、要出租還得招貼、換房客簽約、遇到怪房客……光想就累了）。我想把時間浪費在看一本書、觀察街上的路人、欣賞一部電影，還有跟貓玩……

移動的家，世界小旅居

最早的遊牧民族逐水草而居，新世代遊牧民族有賴於科技帶來的便利與文明，有網路哪都能居。新聞曾經報導過一位美國的平面設計師莉莉安（Lillian Smith），一年有八個月在世界各地旅行兼遠距工作。疫情後許多旅館費用大漲，她卻說自己從沒在住宿上花過一毛錢。她運用代人看管房屋的應用程式「House Sitting」，為她省下三十萬以上的費用。依照屋主的不同需求，她會透過像是刷油漆、打掃清潔做家務、照顧寵物等方式來交換住宿。

另一名三十四歲的人資員工克里斯蒂娜（Kristina Cornie1），對單調的工作生厭因而辭職，後來一邊旅遊一邊從事線上教學。她也透過幫別人「看家」的方式周遊世界，住過的豪宅、開過的名車……都是別人的，但她和丈夫卻非常滿意現在的遊牧生活。

美國億萬富豪馬斯克住在十一坪大的組合小屋。二〇一二年，社群上的

#Tiny House 運動，掀起一連串住在迷你屋、拖車，甚至船屋……的微型生活。對這些人來說，住小房更貼近自然，可移動的小房也擁有更多自由。人生不一定要結婚、買房、還房貸到終老，老了還得花時間把房子賣掉養老。人生旅程可以走上不同的路徑，路上就能看到不同景緻。

台灣部落客粉圓妹進行「居無定所實驗計畫」，以世界各地的青旅為家，早早規畫好生前契約與養老村，沒房更好；社會新聞中也曾經提到，台灣有位先生買了一台露營車停在河濱第一排，打造移動的家；《鏡新聞》的《我家在車上》專題報導中，有位先生捨棄住房改車房，交到更多朋友也更自由。

回台灣後，我也迷上車泊。兩次環島數次車泊，有時在宜蘭粉鳥林海邊醒來，看到海上的晨光映照海面金碧輝煌；有次在高雄林間旭海醒來，一早去泡溫泉神清氣爽……每次車泊醒來，眼睛睜開就有新鮮事；每次車泊睡去，總是伴隨著蟲鳴鳥叫或是各種氣味。我逐漸愛上這種感覺，更希望在未來以世界為家。沒有房子的牽絆，更有餘裕去各地當遊民。

人生不是得到就是學到，有時還會遲到

身邊有位廣告導演因憂鬱症發作，缺席了後期的剪片過程。朋友說，是因為他很在意同期的朋友已是年輕有為的知名導演而且名利雙收，覺得自己比不上所以很苦惱（當然，我知道憂鬱症的病因不是可以那麼簡單定論的，除了壓力之外還有其他原因，而且人人都有機會得到）。

臉書上，我的同事朋友與鄰居個個有才華又超厲害。鄰居的老公是拿獎拿到手軟的資深電影美術指導，妹妹是國際知名的攝影師、妹婿是型男花藝家；有同事轉型成知名編劇，走在金鐘獎紅毯上，甚至拿到文學獎金出了一本小說；也有人是動畫師，拿過金穗獎最佳導演，持續創作取得好成績；更

有人成立動畫公司，拿下多座世界級的國際大獎，回到（他當初進不去的）奧美演講：更不用說還有人當上最年輕的創意總監、有人成立潮牌化身新一代年輕人的穿衣指標品牌、年輕貌美的富二代千金同事嫁給黃金單身漢的創意總監……

多數人肯定都會羨慕他們的人生，包含以前的我。按照社會成功學SOP，下一步就是開始「檢討」自己。吾日三省吾身，人生哪一步出了錯？哪裡還不夠努力？是不是太放縱自己去做想做的事，導致資歷都沒有累積？寫了好多文字還開不出一朵花。

大器晚成，也可以不成

我的各階段似乎都比其他人晚熟，某次在製片公司跟一位女製片聊天，她說自己之前一直是行政助理，因為很喜歡這份工作所以毅然轉行，直到四十歲才轉行當製片。在上海工作時期，三十歲就算早衰，三十五歲就被社會定義為中年人，過三十七歲是獵人頭公司都拒絕的「超齡」。確實，中國人也常自嘲長得比較「著急」（偏老的意思）。

周遭同事常討論：「為何台灣人看起來比較年輕？」中國同事們很認真地分析：「因為妳頭髮很多。」「講話口音很嗲！」「南方氣候保濕？」「這不是醫美做出來的，是妳整體散發年輕人的樣子，根本就是年輕人啊！」

這之中，我最喜歡學弟的答案：**「因為我們不管幾歲都不會被社會定義，永遠都可以追求夢想。」**三十九歲的他覺得做廣告沒什麼意思後，轉向露營相關產業。看著他一臉開心的模樣，很難想像我們吃飯聊天的當時，他已經四十歲了。

三十出頭就該當上創意總監、求婚就要有鑽戒、結婚就要買幢房、生小孩就要怎樣又怎樣……我們身上綑綁了太多標籤，像倉鼠輪一樣無限輪迴，也難怪新一代的年輕人乾脆躺平保養兼抗老。

張愛玲說：「成名要趁早。」她一時意氣風發的豪語，讓許多人感到焦慮。權威財經雜誌《富比士》（*Forbes*）發行人里奇．卡爾加德（Rich Karlgaard）說：「大器可以晚成，只要找到自己的步調，在任何人生階段都能有不同的發揮，獲得各式各樣的成就。」

一事無成，就是一種成就

我現在的成就大概就是自由的遊民生活吧？外人看起來一事無成，但這可是以前在辦公室（又名監獄）中完全做不到的事。在社交媒體中，我們總看到光鮮亮麗的那一面，也盡可能展現最好的那一面，忽視不怎麼好看的另一面。同樣的，即便是富二代的貌美千金，也有我們想像不到的壓力。不妨常問自己：「你願意與他人全然地交換人生嗎？」

華東政法大學教授杜素娟在「·席」演講中，以「理想是人生的彈簧」

為題，提到一個故事：

十八世紀的作家約翰．沃夫岡．歌德（Johann Wolfgang Goethe）在作品《浮士德》（*Faust*）中，描述一位名為浮士德的老博士。他一生都在書齋度過，做了一輩子的學問，別人對他都很尊敬。他老的時候，突然發現這一生只鑽研論文，人生虛度了。於是，他向神靈祈禱再活一回，魔鬼幫助他重回二十歲。他在第二人生談戀愛失敗、追求仕途沒成功、追求藝術夢想破滅、心中的理想國也沒實現，過了個一事無成的人生。但是浮士德很滿意，上帝也很滿意，認為他代表人類活出了意義。

杜素娟教授認為，浮士德的第二人生努力地想像自我，並擁有探索人生可能性的勇氣。那些被社會認定失敗的事，在人生與自我中卻是成功。

當世界沉迷於同一套成功學，更應該學習待在谷底也要快樂。犧牲健康、放棄生活，拚命地邁向顛峰，最終也許只是失去許多平凡人的樂趣。在谷底，天空更高、更遼闊。如此渺小且平凡的我、以當上遊民為夢想的我，很多快樂是在「社會定義的」谷底才得到的。躺在谷底不只天空更廣闊，還可以做抬腿運動呢！

聚餐遲到會被白眼、上班遲到會被扣錢，但只要開始尋找，喜歡的生活便永遠不會遲到，更不會白費。網路有首很療癒的詩《每個人有自己的時區》（*Everyone has their own time zone*），其中一段寫著：

歐巴馬五十五歲退休，川普七十歲才當上總統，
身邊有些人看似走在你前面，也有人看似走在你後頭。
但其實每個人在自己的時區有自己的步程。
不用嫉妒或嘲笑他們，大家都在自己的時區裡，你也是！
所以，放輕鬆。

你沒有落後、你沒有領先。
在命運為你安排的時區裡，一切都會準時。

人間最美的境地就是無用武之地

去了一趟阿里山，享受滿滿美好的芬多精，也親眼看到巨大的千年神木，更感受了自然的神奇與偉大。神木介紹牌上寫著：「現存紅檜巨木多因扭曲、空心、不通直，才被保留。」

一九六〇年代，阿里山上的紅檜木群提供日本人或民國政府龐大的經濟價值，因此遭到大肆砍伐。而棧道上成群的神木之所以未被砍伐，是因為大多長得歪斜，對人類來說毫無利用價值，才得以存活下來，成為你我眼前超過三千年以上的神木。

只要夠廢，就沒天敵

在生物中，海蜘蛛是個有意思的存在。

牠們沒有呼吸系統，軀幹又太短了，因此生殖系統還有消化系統都長在腿裡。除了用嘴吃東西，其他生理活動都依靠自己的雙腿來完成，用腿消化食物、用腿繁衍後代。牠們之所以沒有天敵，是因為「太廢」了。

因為在捕食者眼中，牠們幾乎沒有任何肉，意味著吃了也得不到多少營養，因此沒有以海蜘蛛為食的生物。對於捕食者來說，海蜘蛛無用又毫無價值；對海蜘蛛來說，正是這無用的身體，才使牠們得以存活。海蜘蛛在食物鏈的最底端，完全沒有努力進化自己。

會不會「不進化」可能才是最高級的進化？

進化論說的是「適者生存」而非「強者生存」，所以比起強大的恐龍，最後留在世界上的卻是懶散的無尾熊。令人意外的是，擁有勤勞標誌的螞蟻其實有四〇%都在躺平中。

來自亞歷桑納大學的昆蟲學者夏博諾（Daniel Charbonneau）在二〇一五年時發現：即便螞蟻的社會看起來勤奮又繁忙，在萬頭鑽動的黑點中大約有四〇%其實是不活躍（inactive）的，彷彿說著「我就爛！」他進一步研究這些「懶惰蟻」（lazy ants）存在的原因，發現牠們其實是儲備勞動力，只有在最需要時才會上場發揮作用。

養兵千日，用在一時，有了這些懶螞蟻的存在，才能在危機時刻帶領著族群躲過遠處的水災，而工蟻們整天忙忙碌碌、汲汲營營，反而沒空發現危機來臨。

莊子的「**無用之用，是為大用**」，並不是鼓勵躺平或散漫，因為後句接著「**人皆知有用之用，而莫知無用之用**」，正是說大家都知道有用的好，但沒用也有沒用的好處。

我最大的進步就是不進步

日本知名導演暨編劇三木聰在一次訪談中提到：「大家似乎都覺得必須賦予主角某種目標，或是覺得『沒有目標的人生是空虛的』，但是我常想『沒有目標的人生難道就不好嗎？』但是不知道從什麼時候開始，我們被灌輸『要懷著目標上大學、懷著目標就業、懷著目標去工作』。這簡直就是詭辯！**我認為進步或不進步，都應該有同樣的價值。對進步感興趣的人就去爭取進步，為什麼要對沒有進步的人說『不行』呢？**」

這種想法在他的電影《廢柴三人組》（ダメジン）中完全展現。有別於一般電影總帶著必須成長的勵志情節，這齣戲裡說的卻是一群人「一生都在過暑假」、毫無長進的故事。電視劇《阿信》（おしん）中，主角為了生存掙扎、奮鬥而從不停止工作的生活方式是一種價值，也不能因此就否定廢柴的人生毫無價值。

「試著停止一切成長！包含經濟與自身技能。」高坂勝在著作《經濟不成長的時代生活提案》（次の時代を、先に生きる）如此說著。

他是一間六坪有機酒吧的一人老闆，三十歲時因受不了（必須說謊才有業績的）銷售工作而辭職，轉而推廣「半農半——」的幸福生活方式。他認為一**味追求成長才會不幸福**，因為一心追求經濟成長的國家，會訂下各種提升經濟的指標。當我們從「勞動者」變成「消費者」，才能振興經濟。賺更多錢自然消費更多，消費物欲也更加膨脹，因此過勞工作與過度消費就陷入一個經濟拉升的「假」循環。不知不覺間，社會便把「經濟成長」與「人的成長」相互重疊。但其實賺到物質所需即可，因為所謂的「成長」中，只有一小部分與經濟成長重疊，更大一部分是心靈成長。

日本有位怪怪美少女藤原麻里菜自稱是「無用發明家」。她直言：「我做無用發明，但我沒有要改變世界。」她的作品因為太有意思了，一度在廣告圈引發效法的連鎖效應。不管是聖誕節前夕的「情侶去死機」（在推特搜尋到情侶分手文便自動亮燈，燈閃個不停，單身狗的心靈也被療癒到不行），還是用鈔票搧巴掌的機器，讓人們享受被錢打臉的快樂等等。她將抽象的情緒以實體作品表現出來，讓人廢到笑或扎心到哭。

美少女無意改變世界，卻改變了我。她說：「**追求有用之餘，無用帶來的快樂也很重要……這種看似不正確的選擇，卻也讓人生變得更加豐富。**」她在做的事，正是向這個一心只追求有用的社會提案。

「長大後成為有用的人了嗎？」我不知道，但我知道自己已經找到喜歡的活法，順勢而為；找到自己最舒服、最喜歡的生活，哪怕被別人說是無所事事、遊手好閒。

看似無用，其實如人飲水，冷暖自知，只要活著就很厲害了，活得開心更不簡單。活著，就是很棒的存在價值。

第6站

極少即多

「只有一個的話，就會全心全意愛它。」——日本第一男公關夜王，羅蘭（Roland）

不只有北漂的搬家經歷，我還跨國搬過家。每次搬家，我都會思考自己的東西到底為什麼那麼多？搬家彷彿從一座垃圾場遷移到另一座……垃圾場預定地？以前家裡髒亂的程度，一度讓來訪的朋友誤以為遭竊賊洗禮，但是每次放下物欲立地成仙，才安逸沒多久，東西又如雨後春筍統統冒了出來。

搬家，啟蒙我的斷捨離

人生最大一次遷徙是去上海工作。當時這個職缺急迫，我能準備的時間不到一個月。隨手翻到談論斷捨離的書，以為只要「丟丟丟」就可以解決問題，沒丟完的就先堆著，收了一個行李箱就飛了，房子甚至來不及退租。大概也想著若承受不了壓力，回來還有地方棲身。最終，這間租了十年的台北老公寓，花了半年多、飛回來三趟才清乾淨退租。這次的搬家經驗，直接把我的斷捨離功力大跳級。

六年後，正式退出廣告圈，回台灣的海運行李竟多達二十二大箱（明明過去時只有一卡皮箱）！當時有種「免動手日式搬家」，雖然費用貴，但只要人過去新家即可，其餘就交給專業人員打包（我還是有點羞恥心，所以自己打包內衣褲）。對社畜來說，這真是無比幸福，而且一生一定要來體驗當一次闊綽大爺。

此後又陸續搬了四次家，搬到後來，已經不是思考要怎麼布置了，而是想著這樣的數量到下次搬家時會不會很麻煩？雖然每次搬家都心力交瘁，卻也一次次明顯感覺到東西越來越少。至今我搬了超過十五次，算得上資深搬家者，更可以從搬家軌跡看出人生。脫離上班族後，搬家有變得更輕鬆了嗎？並沒有，我期待所有家當能收在一個行李箱最好，搬家這種勞民傷財的事，盡可能縮小成露營規格才輕鬆！

最好的搬家就是旅行式的輕量搬家，帶著微行李與探險的心就能四處為家。哪裡開心，哪裡就是家。

千山萬水，一個行李箱足矣

原本想先租房，理想是一房一廳，臥室與客廳有內外之分，床若在工作區旁邊非常消耗意志力，兩人可以有不同空間獨處，這在居家工作時期更顯重要。

當上遊民後，老公與我非常偶爾才會去台北開會、聚餐。不須租在高物價的台北，於是我們決定先住進婆婆二十多年前買的房，之後再做打算，這是一間桃園山區的七坪小套房，室內六坪再加上一坪陽台。

這是我住過第二小的房子了，但越住越是冒出可以定居的想法。這裡的房價與物價彷彿在異世界，一坪不到十萬，套房總價在六十萬左右，是五都中「人人都買得起房」的奇幻世界。不過地方偏遠、公車很少，有自己的交通工具較方便，適合遠端工作或數位遊民。因空間小，除了廚房，不做任何木工及空間收納，貼近裸屋。雖然床、廚房、書桌全部接一起，但無隔間讓視野可以遼闊些。〇．五坪的小廚房太過迷你，只能訂做木工，把露營用的卡式爐、熱水壺兼當廚房家電，一舉兩得。床底用來儲物，東西少竟也沒放滿。所有區域都盡可能規畫成多用途，所有物品也是兩用以上才會購買。如此一來，日後不管車泊或旅居，一個小行李箱就能走天下。

一坪的小陽台除了洗衣專區之外，其他便成了貓咪樂園。老公通常一早會去便利商店工作或看書，中午過後才回家。我在家久了，發現很少使用沙發區，所以就用來做運動、鍛鍊或當伸展空間。以前一定覺得兩人不可能住在這麼小的房子，現在居然覺得這樣的空間游刃有餘。

待在七坪的家，聽聽雨聲、看看電影、做做運動、泡茶看書、聊天逗貓。這世界有七坪之地能讓我居住，內心感到非常滿足。

小孩才做選擇，我全都不要

消費者的購物心理實驗中提到，只要把是非題改成選擇題，就能大大增加消費者購買的機率，例如把「嗨！要喝點什麼嗎？」改成「嗨！要喝木瓜牛奶還是西瓜汁呢？」人們的答案會從「喔，不需要。」的直接回絕，改成陷入思考的「嗯~不然來杯……」

如果消費者在七十元的木瓜牛奶和五十元的西瓜汁間猶豫不決，此時再加入第三個選項——一杯三百八十五元的新天龍國頂級布酪蜜奶烏。絕大部分的人就會快速決定，直接選中間價位的那杯。這就是行銷學中所說的「誘餌效應」（decoy effect）。

回到最開始，只是偶爾路過手搖飲店的我們真的有要買飲料嗎？可能才剛喝完咖啡，更沒計畫要喝果汁……為何手上會莫名其妙多了一杯飲料？

隔壁來了一位年齡相仿的帥氣新同事，本來沒什麼感覺，一但發現有人喜歡這位同事，而且還不只一位，就會基於「害怕被人捷足先登搶走新對象」的心態，急於有所進展。這就是心理學上的實驗，一位帥哥只讓人覺得好帥，但跟著一位女伴的帥哥就會激起比較心，從而浮現占有欲。

讓我們回到最初，單身的你可能才經歷了一場失戀，正在與自我對話、修復心靈；也可能正在享受一個人的生活，不急於進入下一段戀情；更可能對這位同事無感也不太了解，何苦莫名落入「非他不嫁」的地步？

「不要」有時候是更好的選擇，像是「不要上班」

有次去看時裝設計師保羅．史密斯（Paul Smith）的展覽，可以用票根在出口處的服務台免費兌換一個帆布袋環保包。服務人員反射性地收回票根，再遞給我一個環保包。

「不好意思，我不需要包包，謝謝！」我說。

「啊?!妳不要嗎？」服務人員一臉不可置信地問我。

「對，因為我有好幾個了。」

他仍一臉驚訝地把包包放在桌上，沒收起來，臉上的表情彷彿說著：「怎麼會有人不要大師設計的免費包包呢？」

諸如此類的情況還有很多。像是商店為了促銷，常舉辦各種活動，如：

兩件八折、加一元多一件、滿額贈……大家被「免費贈品好划算」「多買才有折扣」「不買就沒了」「大家都在買耶」……的心態激發購買欲。但是在商品氾濫過剩的時代，我們不必急著選擇，反而要先學會拒絕。

賈伯斯說：「**創新就是要對一千種東西說不**……一般人都認為『聚焦』就代表去做你現在正在看的事物，但這完全不是聚焦的意義。你必須精挑細選。事實上，我對於我們不做的事也感到自豪，一如看待我們真正動手做的產品。」

人生也是，我們在「需要」與「想要」間平衡，不斷在路上要我們做出選擇的人事物：惱人的會議、上班的制度、不該來的瑣事、不想去的活動、誰誰誰的臉色、不必要的商品、不喜歡的觸碰與越界等等。「不要」需要長期練習，需要凝聚勇氣拒絕。不怕 Say NO，才能不受干擾。

成長為成熟的大人，就是要能堅定地說出：「不，我不需要。」

《金斧頭與銀斧頭》（*The Honest Woodcutter*）的故事中，那位誠實的樵夫最後獲得天神的禮物。但是有沒有可能，木斧頭是他無可替代的生財工具，選自己吃飯的傢伙最好用呢？每個人的選擇都不同，不跟風、不從眾，**記得「不要」也是一種選擇**。有時候，「不要」甚至可能才是最好的選擇。聽從自己的內心，並為選擇負責，聚焦喜歡的生活，才能更專注在自我的人生。

幸福範本不要亂學

「要不要生小孩？」是一生中一定會被問到的問題。就算生了一個，還會被問要不要再生一個？生男或生女？

大部分的人多是邊走邊看，半信半疑成家生子這件事。隨著社會發展至今已進入高齡與少子化的世代，四十歲之前仍然常聽到「勸生」的言語，像是：老了才有所託、體驗媽媽的角色生命才完整、小孩是夫妻之間的樞紐、生小孩增加未來勞動力來替國家經濟及產業做出貢獻、平衡高齡化以免未來台灣人會消失……時至今日，風向又轉變為：沒小孩的夫妻感情比較好、沒小孩能過自己喜歡的人生。

各國領導人把少子化視為國安危機。英國人口變化專家薩拉．哈珀（Sarah Harper）逆風直言：「少子化才好。不用憂慮少子化，催生是非常老舊的觀念，人類可以依賴AI人工智能與移民策略。相反的，在全球對抗氣候變遷之際，少子化對環境保護有很大的正面效果。」瑞典學者在《環境研究通訊》（*Environmental Research Letters*）上發布的研究指出，若每對父母少生一名孩子，一年可以減少五十八噸的碳足跡量。

天啊！我怎麼一不小心又對減碳做出貢獻了？

從以前能白手起家的年代，到如今無法翻轉的世代，相比在台灣努力上班的勞工階層要繳稅，既得利益者的投資家或老闆們卻是得以減稅，房東更是沒產生工作機會及創造價值的族群。或許少子化能重新提高勞動價值，是打破階層的機會。畢竟打破資本主義形成的牢籠，才能進一步建設。

那些「不生小孩一定會後悔」的話並不適用於每個人，身為生理正常的女人，我並沒有因為選擇不生小孩的人生而空虛與後悔，反而感到富足且豐盛。我不僅做為女兒、做為孫女、做為職場女性、做為廣告人、做為妻子、做為自助旅行者、做為作者、做為社會觀察者，更做為貓奴。在眾多角色中，不是每個角色都要做好做滿才叫完整。能把自己這一生過好，就已經是最圓滿的了。

百無聊賴時，就擺爛吧！

我人生最百無聊賴的時候，大概是在師大展演廳看蔡明亮的電影《郊遊》。那場電影的播放形式，是讓觀眾以隨意的姿勢觀看，躺在地上也可以。大師的電影風格常常出現長達十分鐘不會動的畫面，甚至完全沒有配樂，一片寂靜。當下很像日本綜藝節目中不能睡覺的比賽現場，脫穎而出醒著的人也沒有獎品，所能做的只是盯著螢幕或盯著大家面面相覷。想當然耳，在片尾時已經響起此起彼落的打呼聲了。

即使當時我是每天都睡不飽的社畜小姐，我仍用盡各種方法提神，不管是看路人、看展廳的結構、用眼神與同伴交流、捏大腿、換姿勢、按摩太陽穴、幻想靜坐、想未結案的工作。終於，我沒睡著全程觀看完畢了！

播放結束時，蔡導本人出現，沒在看片時睡著是我對他最高的敬意。然而，奇蹟就發生在我走出大廳那一刻。本來很普通的馬路，瞬間變得好鮮活，眼前一切都好有「戲」：紅綠燈變化的信號、邊騎摩托車邊聊天的情侶、邊吆喝邊煎著餅的攤販、邊走邊嘻笑怒罵的學生……這些日常片段從靜止的照片中跳脫出來，如此生動。就像斷食多日，突然喝到一碗白粥那樣美味（這種體驗之後還有一次，就是回台灣時因疫情被隔離在旅館十四天後走出戶外時）。

無聊一下，人生更有聊

有個關於腦內多巴胺被濫用的科學理論。

現代人一早起床就不停滑手機，看正妹、可愛貓咪……在沒完成自訂任務前就給大腦多巴胺的獎賞。這種行為就像小孩沒寫完功課，還不斷給予獎勵，久了這些獎賞便不夠刺激，不夠格成為獎勵。

比較好的方法是做完自訂任務後再獎勵，像是完成靜坐、運動、寫文章後，才能看一下有趣影片或吃一點喜歡的食物。因為沒事做就無意識地滑手機、吃東西，就如同對上司亂誇一通，一點也不真誠。人類的犯賤體質一旦形成這種惡性循環，即便看到超辣的正妹、吃到再重鹹的口味、看到再刺激的影片，也會覺得不夠過癮，甚至一點也不開心，人生更加百無聊賴。

這時遇見多年不見的朋友，應該會很驚訝我的轉變吧？二十多歲時，我對日子過得精采的定義，停留在跟朋友狂歡去夜店跳舞、開包廂喝酒至凌晨，隔日一早再去聯誼。我曾經一周約會六回，對方的名字一個都記不住，也用工作、聚會、約會把日子填得滿滿滿，累到一回家就躺床，妝都來不及卸就睡著。一天天塞進擁擠的日程、重複的繁忙。如今，世界的一草一木、一花一物，不管是搖曳或追逐，我都覺得好有趣。留下知心的朋友，留下獨處的時光看書、看電影、看風景。明白自己的喜好，懂得怎麼生活，才能讓自己更快樂。

想想還沒有網路的時代，早晨起床、上廁所、洗澡、坐捷運（火車）時都在幹嘛？放下手機，我們反而有更多時間專心做眼前的事，更能靜下心與自己對話，也才有更多精力看窗外風景，知道這世界正在發生些什麼，與自己又有什麼關聯。

沒有網路的時代不乏有趣的人，而生活在科技發達、短影音、人工智能、五光十色的現代，卻是眾人喊著無聊得要命，大概就是多巴胺被濫用到有趣也趨於平凡吧？

所以，覺得百無聊賴時，就擺爛吧！

什麼都不動、什麼都不想，癱軟如爛泥，或許才能讓自己真正靜下來，才有機會審視自己。就像品嚐紅酒，鑑賞師總會先喝一口純淨的白開水，讓嘴裡的味道趨於平淡後才能換杯。為了不浮濫過度使用多巴胺，百無聊賴的擺爛時刻，是非常必要的。我們不用時時刻刻都要學習，也不用每分每秒都得有意義，覺得無聊至極時就放自己一回，不再過度追求，軟爛下來才能嚐到人生新滋味。

在低欲望社會中做高欲望的人

大前研一在二〇一六年出版的《低欲望社會》（低欲望社会：大志なき時代の新・国富論）中，定義我們現在身處的時代是個低欲望的社會。由於人口超高齡化、少子化、無欲無求的年輕人不斷增加，日本已超前世界各國面臨這個現實問題。

日本早在二〇一三年的流行語大賞就已開啟先端。當年選出「悟世代」（さとりせだい）一詞，指的就是大約一九八〇年代至一九九〇年代出生的人（或是一九八七年至二〇〇四年），是「無欲望」的世代。他們從原本的佛系、草食系，再成為斷食絕食系。

接著，韓國從三抛世代（抛棄愛情、婚姻、生育）到五抛世代（再抛棄正職工作、房子）、七抛世代（再抛棄人際關係、夢想），到現在的N抛世代（全都抛棄）。

台灣流行起小確幸、不追求大夢想，負能量語錄與喪文化暴紅至今仍未平息。繼崩世代後，在台灣的八年級年輕人被稱為厭世代，理直氣壯地「我就爛」。畢竟一畢業就背學貸，上班即窮忙，談什麼成功？活著已經是成就了。

中國從原本的狼性文化，在異常「內捲」後，誕生了「躺平世代」，「不婚、不生、不買」成為新世代的主旋律，成為經濟學家口中的「大通縮」狀態。經過消費主義、資本社會、炫富物質浪潮、炒房炒樓的瘋狂洗禮後，我們開始積極思考，既然追求不起，什麼才是我們真正想要的生活？

低需求是我對生活的高追求

難道真的需要壓抑自己的欲望而憋屈地活著嗎？不，我想是我們還要再放大欲望。

直到國中前，我基本上完全沒有零用錢，連過年（為數不多）的壓歲紅包也會被媽媽收走。偶然在鄰居家玩電動，一下子就迷上了任天堂的紅白遊戲機，超想買一台。但國小只要不是班上第一名就會被打的我，當然根本不敢開口要。

上國中後，對紅白遊戲機的渴望在我心中不減反增。我多想不用去鄰居家也能自己玩。當時班上有同學的媽媽在便當店當會計，於是我心生一計，找那位同學中午合吃一個便當。名義上是她要減肥，實則是我要攢錢。她媽媽怕我們吃不飽，一份便當雙主菜，我的半個便當午餐策略加上到處籌錢（像是幫忙家裡各種跑腿賺尾數零錢），不到半年便成功買下第一台遊戲機！過上夢想的電玩生活。

這件事讓我發現，「太想要的力量」無窮。欲望夠大，行動力也會倍增。往後我也是太想過上自由自主的遊民生活，才用盡各種方法與努力執行，最後使其成真！

題外話：可惜遊戲機玩不到一個月，某次媽媽突然上班途中折返，我來不及藏起來就被沒收了。從此，它便鎖在抽屜中直到我上大學。人生啊！

心理師說，情緒不會消失只會轉移。如同欲望不可能歸零，一再壓制只會爆發或突變。我們不是神佛，有七情六欲本是正常，世界也因如此才有趣。當我們對理想生活產出更強的欲望，才會放下那些自以為很重要的人事物。所以，不需要壓抑對熱愛東西的欲望，反而要放大！重點是直接了當地面對自己，不怕面對內心的欲望，讓它帶領我們找到喜歡日子的模樣。對我來說，名牌包與旅行，我很容易就會選擇後者。

看似對物質的低需求，事實上是對生活的高追求。

最近迷戀各種兇殺案故事（但我可不是變態啊～），發現背後所有動機不外乎為財、為情、為名、為原始欲望。過度放大欲望當然很容易走歪，但欲望本身是中性的，它不會停止，而是伴隨我們一生。我們要學習的，是如何把欲望安放在最喜歡的生活上，並利用它讓我們動起來。

最奢侈的是，做熱愛的事

北野武說：「全世界都被虛偽不實的奢侈給欺騙了，人類的欲望被替

換成單純的消費。大家說日本社會有貧富差距，但為什麼眾人反而不那麼飢渴？有人說是因為社會富足了，我認為原因不只如此。畢卡索成了大富翁之後還是不減創作欲望，也不會因為貧窮就比較衝動。**我認為民眾少了飢渴的真正原因，是社會把金錢當成唯一的價值**。這個思維讓我們只能體驗金錢消費範圍內的幸福，人生就變得空洞乏味，父母也無法教導小孩人生還有更多的喜樂。」（《超思考》（ちょうしこう），頁一四七—一四八）

而什麼才是這世上最奢侈的事？他認為是日本陶藝家族第十四代的酒井田柿右衛門，為了作品與第十三代的父親吵架。

「他們從來不討論錢，我想沒有比這更奢侈的事情。當代柿右衛門或許很有錢，但後代柿右衛門依然保持飢渴，依然明白**人生有金錢之外的喜樂**。」（《超思考》頁一五〇—一五一）

耳聞廣告圈的一位上海同事，計畫在女兒學齡前退出廣告圈。果然，在我辭職後沒多久，他便舉家搬到雲南並開了間咖啡店。不到一年，他們成為雲南當地的必訪特色咖啡店，也成為文青雜誌中一般人嚮往的故事。

近年來也有許多年輕人從大城市提早回鄉，以低消費、低居住成本的方式重新展開生活。有人自己種菜、養雞、做飯、改造房屋，甚至自建屋，也有人開房車四處旅行、揹個包包就去遊牧世界。

從他們眼中，我看到對生活的爆棚欲望，還有對生命的極度熱情。

我要保持高欲望，更希望這世界奢侈的標準及世人羨慕的對象，不再是什麼大富豪或高超的投胎術，而是為生活、為夢想、為熱愛事物不停歇的人。

沒有名也有力，素人可不是吃素的

多年前有個得獎的廣告行銷，在新落成的旅館發起一個有趣的活動，參加者可以拿著等同現金的粉絲數換取住宿，在當時造成一波熱議。這個創意若放在今日，估計旅館還沒賺錢就先破產倒閉了。

在這個隨手抓位路人都是小網紅的年代，聽說 Instagram 粉絲數太低的學生，可能會被瞧不起，形成校園人氣鄙視鏈。

「在未來，每個人都能成名十五分鐘。」美國藝術家安迪・沃荷（Andy Warhol）的這句神預言不只實現還汰換了幾波人。一次颱風新聞訪問誕生了「泛舟哥」、一次金曲獎頒獎失誤讓大家認識了「陳建瑋」。人人都有機會一夜成名，端看是否能把握機會，讓自己成為楷模或瘋魔。

無數人想要紅。爆紅就擁有流量，如同套上魔戒，擁有一呼百應的神祕力量。一旦成功當上關鍵意見領袖、流量名人、大咖網紅……吃喝玩樂、食衣住行，多得是廠商搶著贊助。在那個光鮮亮麗的世界，他們的一舉一動就是時尚潮流，也是鎂光燈的焦點，更是引發追隨的關鍵。

千萬等級的網紅收入比明星還高，一個月就賺進普通人一輩子都賺不到的薪水。為此，有些人不擇手段更不惜代價，無所不用其極地想成名。女星在紅毯上「不小心」露點、裝病博取同情、沒熱點就蹭熱點、販賣隱私求關注、偽裝富豪千金炫富或享有特殊待遇。人設翻車不稀奇，亮點為王，管它花邊新聞、緋聞還是壞名聲，有新聞都是好事，沒新聞可炒才會出事。

西班牙鬼才插畫家胡安·科爾內利亞（Joan Cornella），筆下的漫畫人物上吊時不忘微笑自拍、臨終前一刻也要拍照上傳到社群平台、踩著別人血淋淋的身體當滑板前行。他一系列黑色幽默的作品，極度反諷當代社群媒體文化。

不知道我是誰嗎？不知道最好

紀錄片《Tinder 大騙徒》（*The Tinder Swindler*）中的西蒙·列維耶夫（Simon Leviev）在影片上架後知名度大漲，出獄後開線上行銷課程大熱銷。擁有實戰經驗的他，賺錢賺到手軟，交到名模女友並進軍好萊塢。大騙徒依舊富得流油，被詐小資女卻流淚仍舊負債百萬。

迷你影集《創造安娜》（*Inventing Anna*）以真人真事改編，女主角安娜·狄維（Anna Delvey）假扮名媛，以虛構的德國千金身分，騙倒一票紐約上流圈與華爾街菁英，並成功向銀行借貸鉅款，供她日常揮霍。入獄後生活依舊像齣戲，不僅每次開庭都是她的秀場，贊助的服裝與包包更是絡繹不絕。更搖身一變成為Netflix影集的顧問及女明星的指導，收了一筆豐厚的顧問費。她在獄中開始寫回憶錄，打算出書描述她的監獄生活。

對於犯下詐騙罪行，她說：「我不覺得抱歉，如果有機會重來，我還會這樣做。」她的律師托德·斯珀德克（Todd Spodek）對眾人說：「我們每個人都有一點安娜的影子，這是她選擇的生活。」笑貧不笑娼的現象被網路世代迅速放大。

沒有人會記住第二個上月球的太空人是誰，因此人們像搶頭香般瘋狂地爭先恐後，但讓我感動的故事從不是赫赫有名的主角。

日本有位一輩子都在跑龍套的演員福本清三，在這個人人都想搏上位、站C位的年代，他只專注做好臨演的本分，沒有對白、沒有正面拍攝、沒有專屬化妝師，哪怕只出現幾秒，他依然盡力演出淒慘的死人。他不搶主戲，更襯托主角的不凡。

很難想像光演出「刀下魂」的無名氏角色，他竟然花了三年研究該怎麼死。起因是某次導演說：「即便是畫面角落裡的小角色，如果只交出敷衍了事的演技，整個鏡頭都會作廢。」所以他堅持著**「即便再不起眼的工作，都有它存在的理由」**這樣的信念前行，跑了五十五年的龍套。他過世後，日本媒體曾統計他這一生被殺的次數超過五萬次。他活成了自己生命中的「龍套巨星」。有記者問福本清三為什麼如此喜歡當臨演，他笑笑地說：「**當明星後會擔心自己過氣。我一直都是在谷底，反而很輕鬆呢！因為不可能再往下跌了。**」能不能賺錢、有沒有被看見都不重要，對他來說，都比不過熱愛自己正在做的事。

凡走過不留痕跡是最高

日劇《校對女王》（校閲ガール）中有段台詞這樣說：「我們之所以會覺得那些理所當然的事理所當然，是因為有人一直默默地付出……我們甚至會忘記他們的存在，這正是那些成就理所當然的人們所追求的目標，他們在人們看不到的地方散發著光芒。」像是早晨起來看到乾淨的城市街道、平坦的馬路、一旁還亮著的路燈……全賴有人在我們熟睡時默默打掃、鋪路與維修。正如劇中女主角從事的校對工作，他們不像編輯會在出版品上列名。

好的校對是「不留痕跡」，做廣告的最高境界也是要「毫無存在感」，你不會知道廣告背後的團隊，甚至不會覺得這是廣告，只是一段需要的資訊。在廣告業內稱之為「智慧廣告」（Smart Banner），無名之姿才能潛伏在群眾中精準洞察。身為幕後的廣告文案，在背後為喜歡的工作而行動著。雖然那些軌跡終會像沙灘上的沙那樣消失，但在人生這部電影中，自己永遠是主角，無人可以取代。

在各行各業中，能得獎都是眾多人的夢想，那不只是一種肯定更是無上的榮耀，廣告人也不例外，「功成名就」代表著被大眾追捧。在這個流量等於聲量，聲量又能創造銷量的年代，有名幾乎等於有利，有名形同獲得各種好處與特權，誰不為之瘋狂呢？

在廣告圈沒闖出任何名號的我，從社會的角度看就是個混不出一點名堂的傢伙，我卻覺得自己很幸運，因為這樣，我才能成為如今的遊民小姐。遊民沒有名氣卻更自在，沒有地位反而更自由，沒有特權同樣也沒有包袱。

內衣品牌「NEIWAI 內外」有句標語：「NO BODY IS NOBODY」。看似平凡的每個人，在這世界上都是一種獨特的存在。不用逼自己要活得偉大，或是要得到多響亮的名氣，只要不看輕自己、不妄自菲薄，

「NOBODY」的力量其實意想不到地踏實與堅固。因為有時候，無聲更勝有聲，默默無聞的力量更強大。

以前的我

現在的我

「人生必不可少的只有勇氣、想像力和一點點錢。」

——英國喜劇演員，查理．卓別林（Charlie Chaplin）

第3章 ○○○

上流遊民
養成說明書

感謝我的原生家庭，讓我知道長大成人後的世界根本沒那麼艱難。在社畜時期，只要回想童年，便覺得至少我擁有自主上班賺錢的能力與機會；因掉髮去晨跑而精疲力竭時，只要回想社畜時期，又覺得至少比綁在公司自由多了。

一路上，我就抱持著這樣「樂觀」的心態，直到三十七歲為了生存，又重新掉回社畜地獄。我才驚覺，怎麼又開啟了輪迴……這輪迴是泥潭，一輩子爬不出來。

這樣下去不太對吧？

最艱難的那一年，我決定去當上流遊民

我想起日劇《世界奇妙物語》（世にも奇妙な物語）中，有篇「拘役三十

天」（懲役30日）的故事：大壞蛋男主角只被法官輕判三十天，讓原本就沒有悔意的他更加囂張。這三十天他忍受各種酷刑，像是在屋頂上曝曬無法喝水、踏在滾燙的鐵板上、曬傷再全身抹鹽等等。他心想：「等我出獄後你們就知道了！」終於熬過三十天，即將重獲自由之際，他在床上醒來，才發現自己被醫生注射了某種新型藥物，現實世界才過了五分鐘……

男主角崩潰絕望的樣子彷彿就是我。我明明不是大壞蛋，只是循規蹈矩的普通人，卻像不斷推石頭上山的薛西弗斯（Sisyphus）又一次重蹈覆轍。最終我明白：人生路上不是以「阿Q精神勝利法」自我安慰、精神麻醉就行，而是要真切地面對自己到底想過怎樣的人生。

人生麻煩事太多，能用錢解決的都不是事

日劇《凪的新生活》女主角說：「生活就是一睜開眼，都需要錢。」但

在真實人生，除了錢還有責任與義務。不管原生家庭是富裕或貧窮，是幸福或痛苦，都無法排除一出生就背上身而為人的「天生勞務」。

除此之外，還可能遇到：原生家庭的羈絆、家人情緒勒索所衍生的各種問題、意外事故、職場性騷擾、恐怖情人、伴侶媽媽嫌貧愛富、為了離婚付出慘痛代價、進入黑心企業、被朋友拉去直銷、為朋友做保卻被背叛、生怪病、遇到惡鄰居被告上法院、被同事陷害抹黑名聲掃地、在夜店被下藥、被房東偷拍不雅片外流、踏進不良幫派設的局、因為識人不清做錯決定後悔一生，或是其他不公不義之事……遇上這些事、提防這些麻煩所花的精力，讓有錢沒錢似乎變得不是什麼大事了（可以肯定的是，絕對不會遇到爭遺產的家庭大劇）。

這個類比是不是又不小心「樂觀」了？畢竟多數人面對的生活是：上有老、下有小，為了賺錢拚命工作卻仍入不敷出。在《不為錢煩惱的富裕人生》（ふがいない僕が年下の億万長者から教わった「勇気」と「お金」の法則）

中提到：「你的煩惱有九成都可以靠金錢解決。」我非常贊同。有好的財務支援，讓自己有底氣過想要的生活。但我更想要的並非只是不為錢煩惱而已，而是擁有「不為人事物煩惱」的能力。

有福同享，有難不互相影響才是相互救贖之道，錢是豐富生活的工具，更是解決問題的利器。雖然有人說互相麻煩才是一家人或真朋友，但為什麼要沒事找事、製造麻煩呢？能用錢解決的事都是小事，因此別輕易動用到人情與親情。

當然這世界仍然有靠金錢也解決不了的事：像是追不到的人、控制別人的內心、死而復生……剩下那一成無法解決的，不妨就用來學習如何平衡自己的內心吧。

選擇比努力重要，運氣比力氣更有用

也有人說，不是每個人遇到困境都有翻身的機會。我也曾試想，如果在三十七歲時，疫情或意外突然降臨，生活從此陷入絕境，人生如溜滑梯（更可能是大怒神）一路向下……既然投胎不如人，但投胎後比的還是運氣嗎？這聽起來似乎很讓人絕望……

該如何得到好運氣，美國作家珍妮絲．卡普蘭（Janice Kaplan）與巴納比．馬殊（Barnaby Marsh）告訴我們：常出現在有機會的地方。想當演員的話，就要常去片場走走、常去試鏡。每個起心動念的步伐中，都可能躲藏著幸運之神，就算失敗也可能搆到幸運之神的衣角。保持樂觀，正面積極的態度也能創造運氣。

網路 YouTuber 老高與小茉的影片〈真正的人生攻略〉中提到一個實驗：這一生成不成功（我個人解讀為：過得好不好）跟努力無關，跟運氣比較相關。但如何成為幸運的人，就跟自己有關。好運取決你如何看待發生的一切，古人說的命運也是如此。命不可逆，但運可改。如同一位作家說的：「可悲的是我分手了，可慶的是我有題材可以寫了。」

二〇二〇年似乎是災難年的起點。一場新冠肺炎讓全球許多人喪命，世界更因此停擺、經濟停滯、產業倒閉與破產、失業率屢創新高；火災、蝗蟲災、極端氣候等天災人禍不斷，名人明星接連發生意外事故或自殺身亡；緊接著阿富汗戰爭、俄烏戰爭、以哈戰爭爆發、紅海危機、高通膨、糧食短缺等等……

人生世事無常，生活很沉重、很艱難，但正因如此，我想儘早過自己喜歡的生活。於是在二〇二一年一月底，我決定結束為期近二十年的「打工人」生涯。

我們不能選擇出身、不能預測天意，但可以選擇過自己想要的生活。這樣看來，最艱難的那一年，反而成為我開啟遊民理想生活的起點，而翻開這本書的你，更得到與運氣交會的機會，選擇從「生存」轉到「生活」的契機。就算目前還無法做到也沒關係，就算對生活的想法很另類、很瘋狂，也別怕被笑！只要抱著希望，永遠可以期待明天；只要行動起來，說不定可以認識運氣之神，還能和祂成為好朋友。

上流遊民七大心法

在這個科技發達的新世代，越來越多人展現出不同的理想生活型態，形成百花盛開的美麗景緻。旅人常說：「別人的生活是我遠道而來的風景。」而這句話的潛在含意是：別人已經把生活過成你要的風景了，你卻還在觀望。

先別灰心！只要**有心**，隨時能前行。不想活得世故又心機，要活得自由就需要練心肌。以下我整理出七大心法，給正要上路或還在路上的有心人們，一起當個物質精神都富足的遊民。

叛逆心：種果得因

老闆突然對我說：「其實，妳可以選擇自己喜歡的生活。」凌晨十二點還在加班的我一臉蠟黃枯槁，完全遮掩不住結屎面的惡臭散發到老闆面前，他內心想說的是：「不爽就不要做啊！」過了好幾年，回頭品味這句話才驚奇地發現，原本諷刺意味極濃的成分已變成我美好生活的預言。

這跟發想廣告腳本很相似，不一定要按「種因得果」的傳統方式推導劇情，而是先預設好結局，劇情的導向就會自動導航到結果。這是廣告創意人唯一的思想叛逆了！畢竟身為專業的廣告文案，結局已成定局（客戶的產品賣點）。

然而自己的人生沒有客戶與外人的雜音干預，自己就是首席編劇兼導演，更能按自己喜好的結果進行。只要結果是好的，過去的打擊就必然是好的；如果結局是悲傷的，過去的打擊就成了壞的。這就是阿德勒心理學中的目的論：「現在可以改變過去。」我們不只可以創造未來，更能改變過去，人人都可以選擇自己的理想生活。

《牧羊少年奇幻之旅》（*The Alchemist*）裡說：「**當你真心渴望某件事時，全宇宙都會聯合起來幫助你**。」（When you want something, all the universe conspires in helping you to achieve it.）反過來說，**先種下好的結局，無論前面有各種發展，都會是必然的好**。當你過上理想人生，過去就被改寫，付出的努力也不會白費。因為在追求的過程中，感到開心、充滿希望，就已經成功了。

隨心所欲：夠用不踰

跟我一樣喜歡吃牡蠣的朋友們有福了！整個世界都是你的牡蠣！

在學習英文的某天早晨，程式中突然跳出這一句：「隨心所欲」（The world is your oyster. 直翻為整個世界都是你的牡蠣）。上網查了一下，發現這原來起源於劇作家威廉．莎士比亞（William Shakespeare）的喜劇《溫莎的風流婦人》（*The Merry Wives of Windsor*）中的一段比喻，意指可用利劍（暴力），隨心所欲地奪取世上想要的東西（在此比喻為牡蠣）。

整個世界都是吃不完的牡蠣，對於我這個牡蠣控的吃貨，完全是隨心所欲的最高境界。這翻譯真是太美、太貼切了！我不禁想起在廣東湛江旅行時，某家餐廳的牡蠣、生蠔肥美多汁，口味多樣。點了滿滿一大桌，在隔壁桌情侶檔的側目之下，加上不想浪費錢的心態，我一次全部吃光。隔天馬上報應來襲，昨天那位豪氣點菜的女富豪，今天已被癱軟在床的可憐蟲取代。

不知是否因為吃了太多牡蠣，全身痠痛無力起身，報廢了一天的旅行時間，在飯店廁所中虛度光陰。從那時起，我深刻體認到：不管是美食或財富，要盡情盡興但絕對要適可而止，否則只會樂極生悲。

「隨心所欲」一詞源自至聖先師孔子所說的：「七十而從心所欲不踰矩。」廣告大師則說：「真正的策略是——取捨。」愛情大師倒是說：「喜歡是放肆，愛是克制。」隨心所欲的生活，一定伴隨著節制。真正的財富自由不是花不完，而是夠用就好；真正的人生自由是不放縱也不委屈、不努力也不沉淪，夠爽就好。

花心：花錢要用心

我對很多新鮮事、鮮肉（？）都有夠花心。伴侶總笑我三分鐘熱度，好友們則說我喜新厭舊的程度比雙子座還更雙子座。

三天兩頭就換部喜歡的戲劇，一會兒是霸氣總裁、一會兒是年下暖男；上一秒想吃火鍋、下一秒想嗑壽司；展覽個個不同，場場都想看；喜好一個換過一個，曾學過滑板、咖啡拉花、金工飾品，甚至露營的自製升火罐；想做的事情一個接一個，還想去划獨木舟、去海釣、去旅行。

但有一點我倒是非常專一，那就是為了維持自由的生活，必須讓自己「**花心思花錢**」。有意識的消費，不必省錢但要用心花錢。這跟送禮一樣，有時不用花大錢，卻要花心思了解對方的喜好。送最適合的、最對味的禮物，比價格高昂的大禮更貼心。上次生日收到老公親手繪製的「陪遊旅行卡」，就讓我開心不已。

用心花錢讓花心的我發現，在便利商店用五十元什麼都買不到的年代，三十元竟然可以看到多場豐富精采的展覽，所以我常自帶水跑台北市立美術館、故宮等。更多時候，還有些展覽連一毛錢都不用花。

時裝設計師可可·香奈兒曾說：「生活中最好的東西是免費的，第二好的則非常、非常貴。」

這社會充斥著「免費最貴」的警語，一部分反映了我們其實沒意識到，什麼才是生活中最好的東西，誤以為東西就是物質。我當上遊民後，實際感受到非常多最好且免費的東西：首推不上班的日常風景，再來是圖書館（滿滿圖書、舒適座位、飲用水、洗手間、沙發小劇院，申辦市民證還能預約使用讀書空間與電腦），而且靠近我家的這座圖書館還被綠意盎然包圍，幸福滿點。還有更多景點是免費的，像是文學生活園區、老街、老建築、河岸、公園、大自然的河濱、偶現的彩虹、山間海邊……

平日看書、跟貓玩、與好友相聚、仔細為植物澆水、陪陪伴侶……這些之前很難擠出時間真正去相處、去體會、去執行的事，其實不需要花太多錢，只要多花心思就能獲得真正的滿足，心有餘力幫助別人也很快樂。

上班是為了賺錢，賺錢是為了過更好的生活。現實卻往往本末倒置，需要花心思經營的生活，反過來變成隨意花錢發洩的日子。我們把欲望錯置，

「更好生活」的最後目標也消失了，如此一來上班賺錢又是為了什麼呢？花大錢或許能得到一時的爽快，但用心花錢的快樂卻能延續地更長、更久。

空心：不動為王

佛家說：「**空掉心以後，再觀自性，寂寂然不為一切境界所動搖。**」這個心法類似「內觀」，也就是透過自我觀察來達到自我轉化，專注在自我的身與心之間，是印度最古老的靜坐方法。

身為俗人，最難做到的是不因外界干擾而有所動搖，尤其是與他人比較的心。以前，世界就是周遭的朋友、同學、同事、鄰居；現在，人人手機不離身，眼前是全世界厲害的人，有錢、有才、有本事、有運氣的人，天天在社群的伸展台上朝我們走來，讓我們覺得自己不夠好。

小時候要考試、長大要考核、人生要考績。台灣的教育環境是一路比上來的，考試排名、大學積分……出了社會後，好工作就是進入全球百大公司、幸福人生就是結婚生子（下一代再開啟輪迴，無限循環）。這社會總充斥著「成功人士」，說著大同小異的成功學。但把時間軸拉長，這一切竟變得如此不重要。現在的我清掉了羨慕別人、批判自己的想法。每天傍晚出門散步時都抱著感恩的心，謝謝上天給我的這一切，覺得自己幸運無比。

當然，要把心清空仍需要不斷練習，但「空心」讓我有空間安放許多幸福與安心感。

「空心」這套心法特別適用在投資上。

依照自我性格擬定出一套投資策略後，就按表操課，不因股市的短期波動而動搖，做出一系列的（賭）操作。沒人能預測明日漲跌，即便投資大師再怎麼精闢分析，股市中總是買了就跌、賣了又漲。這時候，不動如山的人才是避險王，偏偏一般人總是什麼波段都想賺，什麼便宜都要占，結局就是什麼車都會翻。二〇二四一開年台積電就大反彈，很多人又嚷嚷著早知道要來撈底或是抱怨著太早下車。下次以為學到教訓，躁進 all in 後就大跌。

人生就是這樣，越是想跟就越會翻車。想把生活的便宜都占盡，最後才發現小丑竟是自己。別把股票放空，而是把心放空，不動躺平才是王道。把資產做長期的投資與規畫，因為時間不僅帶來複利，更帶來怡然自得的心境。

甘心：千金難買早知足

相信每個人在大學快畢業、即將成為社會新鮮人之際都懷抱著夢想。同窗好友說：「我胸無大志，人生快樂就好。」咦？她是約翰．藍儂（John Lennon）的粉絲嗎？跟著偶像追求快樂？她的座右銘該不會就是約翰．藍儂的名言：「上學後，他們問我長大後的志願與夢想是什麼？我寫下『快樂』，他們說我沒搞清楚題目，我卻說是他們沒搞清楚人生。」

當時我覺得同窗好友肯定是在開玩笑。我像匹衝出柵欄的野馬，覺得人生不能白活，努力與衝勁絕對可以創造非凡人生，於是拚命地追求夢幻職業、夢想公司、才能活得光鮮亮麗，才會不枉此生。「別人可以，我也行。」「心有不甘就去拚。」「只有工作不會背叛你！」這類的勵志文，都差點要刺在背上。

我像日劇《那一年我們談的那場戀愛》（いつかこの恋を思い出してきっと泣いてしまう）裡的角色小夏。

「什麼都行，我只想成為一個不一樣的自己，不想變成隨處可見的人。」小夏說。

「不想成為隨處可見的人，這種人隨處可見哦。」晴太回嘴。

現實中要是出現晴太這種人，絕對要吃我一記飛踢。我的大學好友們跟我踏上完全不一樣的路。多數人選擇回鄉上班；有人找了穩定的公司做設計，一待就是十五年；有人做零售排班的櫃檯，或是找單純的小公司盡量不加班。沒想到二十多年後的今日，大家卻殊途同歸，一樣過著遊民般的自由生活，降低工作量、接少少的案子、沒事就去踏青爬山。我也被她們感召，回歸入列了。

其他好友聽聞我要回台灣都相當驚訝，覺得我怎麼「甘心」回來。聽到我退圈耍廢更是難以置信：「你要耍廢？滿不容易的。」我想，經過了許多，我擁有了**甘於平凡的勇氣**：不再從眾追求、不再覺得塞滿日子才叫精采；樸實的生活看似平凡，但適合自己就是不凡；一整天看山、看海、看貓咪也不算虛度日子；不會再說「早知道」，因為人生「沒想到」更有驚喜，而且就算驚嚇也是種收穫。

這股甘心的感覺就像日劇《東京女子圖鑑》（東京女子図鑑）中女主角說的：「那時覺得這樣的幸福太渺小而悲哀，於是放手了。現在已經懂得，這樣的小幸福多麼得來不易。至今為止發生的每件事，大概都是為了重新知道這個道理而繞的遠路吧。」

繞了這麼遠，還好有些友誼沒變。我很高興多年後能共同宣示當年大學好友的名言：**「我胸無大志，人生快樂就好。」**

知心：友恃無恐

科學作家莉迪亞・丹維斯（Lydia Denworth）提到：**「朋友不但在心靈與身體健康上至關重要，甚至可以說，朋友是人類存活的關鍵。而友誼可以提升心血管功能、免疫系統與睡眠品質。」**

這太神奇了！但確實每次與好朋友馬拉松式聊天後，反而精神更好了、鬱悶消散了、很多難題也解開了。光是這些好處，就比保健品還有效。我很幸運擁有兩個朋友跟我一起聊，三位女生聊了二十年還是聊不完。

我們因職場而有緣前後相識，進而常約飯。因為總是聊到餐廳打烊還沒聊完，後來便約在其中一人（M小姐）的家裡聊。進家門後，我們從沒打開過電視、沒滑手機，甚至連拍照都很少，真的只是吃東西、喝茶，再加上「純聊天」。

我們經常一個月約吃兩次飯，每次平均聊上六至八小時。最高紀錄一個月約三次，還有好幾次聊到在朋友家裡睡著。連我在上海工作時期，也各自準備零食，透過視訊準時開聊。我們的另一半常說：「乾脆妳們結婚好了！這麼會聊，到底都聊些什麼？」聊日常瑣事、聊夢想、聊八卦、聊家庭、聊旅行、聊路人、聊人生啊！從外太空聊到內子宮，活到老聊到老，要活就要聊。

我的另一半也是相交十八年的好友。我們的關係既是愛人、伴侶、丈夫，更是戰友。很幸運目前的人生，有眾多好友們與神隊友的支持，**我「友恃無恐」，活得健康又身心舒暢**。

粗心：厚顏無敵

哲學家叔本華（Arthur Schopenhauer）曾提到：**「人性最特別的弱點，就是在意別人怎麼看待自己。」**多數人（包含以前的我）都有著潛在的「討好型人格」，深怕別人不喜歡自己，沒等別人批評就先自責做得不夠。在職場上，明明是奴性太重，卻自以為這樣才是情商高，最後演變成「父子騎驢」**（編按：意指人云亦云，糾結在無謂的批評和他人想法之中）**的故事。日本心理學家植西聰鼓勵人們「鈍感」一點，才能克服敏感。也就是神經粗一點、反應慢一點，才能按照自己的步調過生活。所謂的鈍感可說是「粗心」，說白話就是「厚臉皮」吧！演員楊冪說得直接：「我又不是鈔票，做不到人人喜歡，更何況有人連鈔票都不喜歡。」臉皮太薄的人心易碎，活得很累。

被譽為「舉世尊崇百位日本人之一」的枡野俊明說：**「臉皮的厚度，決定人生的寬度。不是活得像應有年紀，而是要活得像自己。試著讓臉皮厚一**

點，堅持做最真實的自己，就能活得更從容、更自在！」

這一刻我似乎明白了什麼。臉皮厚的人不怕丟臉，不必討好所有人、不在意別人怎麼看自己。每個人心中都有自己的王國，而「臉皮」就是城牆，要夠厚、夠堅實才能抵禦外敵入侵啊！不然就失去自我了。

在上海的第三年，因緣際會領養了我的第二隻貓。同事問我三個多月的人貓生活如何？我眼冒愛心地說：「貓咪好黏人、好可愛喔！」她不解地看著我：「你之前不是說最討厭過於熱情的動物嗎？所以才喜歡冷漠的貓啊！」崇尚斷捨離極簡生活好多年的我，在二〇二二年三月上海疫情封城後，又紛紛被朋友們打臉：「如果你還在上海應該就餓死了！現在囤貨才是正道。」

在生活中，不斷重複出現諸如此類被朋友超時空打臉自己的證據。若有天（不小心）成為流量網紅，大概會被冠上「翻車王」的封號吧？世界的高速變化，偶爾會把自己立定的規則變成一場鬧劇，要是「今天的名言，明天就打臉」，那就……算了吧！畢竟時空背景不同啊！

兩位日本老演員曾對於「活著」提出很有意思的想法。高田純次覺得：「活著應該就是不斷地丟臉吧？」仲代達矢則認為：「活著就是不怕丟臉吧！丟臉也沒辦法，日子還是要過下去。」而我那不是饒舌主唱的朋友K說：「丟臉就只是丟臉而已，沒什麼好丟臉的。」

不懂職場厚黑學沒關係，人生厚臉皮可能更加快樂與自在。要有「**即使被打臉，也不怕丟臉」的氣魄**！萬事粗心點，凡事便能迎刃而解。反正只要你不尷尬，尷尬的就是別人。

你這個人還真是厚臉皮啊！（贊許貌）

後記／

以遊民精神，過上流生活

日本安寧病房的醫師大津秀一，見證了一千多位老人的臨終遺憾，整理出二十五件最遺憾的事。出乎意料地，我們以為人生最重要的「財富自由」並沒有名列其中，只有第七點「沒有妥善安置財產」，稍微有點相關。排名第一名的遺憾其實是：「**沒有做自己想做的事**」。其他則是：大部分時間都拿來工作、沒有實現夢想、沒有去夢想的地方旅行、沒有品嚐想吃的美食、沒有注意身體健康……

隨著科技進步，我們的生活有變得更好嗎？我們更常加班，各國的退休年齡也不斷延長，剛步入社會的新鮮人也深怕被人工智慧取代。大家都忙著生存，就別提怎麼生活了；再怎麼努力都看不到未來，更不用談財富自由；而以為夠資深的中年人，則怕後浪撲上來，也擔心面對中年失業的常態。三明治人生的夾擊，進退兩難，連人生都不自由。

是時候改變了，首先我們要改變的是自己的思維。

追求高爽度人生

成功人生是住豪宅、戴名錶、開名車？或是當上老闆和總裁？我們不能改變社會定義成功的公式，卻完全可以為自己的人生重新定義算式。

我認為「快樂值」才是衡量成功的標準。通俗點說就是「爽」度。這聽起來像是一碗發酸的怪雞湯，卻是我切身的真實感受。當你覺得很爽（即便是自爽），當下就是最好的人生，就值得去追求。誰都無法評判生活的價值與人生的意義，但我們可以當自己人生的球員兼裁判，怎樣都贏。

不管是看起來閃閃發光的人，還是存在感低慣於潛水的人，同樣有著他人看不到的一面。可能是不為人知的努力，也可能是看透世間規則的灑脫。現在的我，很清楚知道每個人都有自己追求的生活。長大成人，人生各自負責，各自專屬的快樂、幸福與滿足，也是誰都帶不走的。

作家張曼娟說：「人啊！悲傷是本能，快樂是本領。」我沒有自大到企圖改變每個人的人生，但當你累到快窒息，是否可以停下來想想：陷入這樣的社畜輪迴真的快樂嗎？一心追求財富真的重要嗎？

我們以為財富自由的人就是享受奢華的物質、過著高檔生活；人生自由的人是曲高和寡的窮文青、吉普賽的無家者、苦日子的浪人。但自由其實並不對立，兩者其實可以兼得，理財也理人生，賺錢更賺到生活。

當我們跳脫社會的框架，不再受限於眾多被定義好的生活與幸福的範本，甩開既有的思考邏輯，人生才有新可能。

年輕人試著「不務正業」吧！中年人就去「遊手好閒」吧！傾聽自己的

內心，找出一種專屬自己、讓自己快樂，爽度高的生活方式。未來就以遊民的精神，過著上流富足的生活，讓人生自由也財富自由。

這不僅僅是希望人人都能過著理想的遊民生活，我想說的是——

社畜們，正覺醒！為人生自由來場推翻「只能上班無限輪迴」的革命吧！

參考資料

第1章

▨〈當一個高等遊民〉，《新民周刊》，二〇一八年十一月。（https://m.xinminweekly.com.cn/content/5726.html）

▨〈高等遊民：不去賺錢遠離世俗地活著也是高尚的〉，《壹讀》，二〇一五年三月。（https://read01.com/GBojBK.html）

▨《欲しがらない生き方：高等遊民のすすめ》，岬龍一郎，二〇〇九年六月，角川グループパブリッシング。

▨《文明国には必ず智識ある高等遊民あり》，內田魯庵，一九一二年二月，新潮。

第2章

▨〈ERE：退休十年回顧（上）〉，知乎，二〇二一年九月。（https://zhuanlan.zhihu.com/p/406119746）

▨《Early Retirement Extreme: A Philosophical and Practical Guide to Financial Independence》，菲斯克（Jacob Lund Fisker），二〇一〇年九月，Createspace Independent Put。

▨《黑天鵝效應》（*The Black Swan: The Impact of the Highly Improbable*），納西姆·尼可

拉斯・塔雷伯（Nassim Nicholas Taleb），二〇〇八年四月，大塊文化，台北。

- 《Nala's World，最幸福的旅程：一人一貓的單車環球冒險》（*Nala's World: One Man, His Rescue Cat and a Bike Ride Around the Globe*），迪恩・尼可森（Dean Nicholson），二〇二一年十月，商周出版，台北。
- 〈被開除不要輕易失志！看這14個曾被Fire又逆轉勝的大人物怎麼努力向上〉，科技報橘，二〇一三年十月。（https://buzzorange.com/techorange/2013/10/25/people-who-were-fired-before-they-became-rich-and-famous/）
- 《顛倒思考題》（*Whatever You Think, Think the Opposite*），保羅・亞頓（Paul Arden），二〇一一年九月，商業周刊，台北。
- 《重點不在你多優秀，而在你想多優秀：英國創意大師的不乖成功學》（*It's Not How Good You Are, It's How Good You Want to Be: The World's Best Selling Book*），保羅・亞頓（Paul Arden），二〇一六年二月，先覺，台北。

▨〈中國財富自由門檻是多少?·胡潤：一線城市入門級為一九〇〇萬元〉，搜狐新聞，二〇二一年四月。（https://www.sohu.com/a/458340768_322372）

▨〈結婚記〉，《撒哈拉的故事》，三毛，一九七六年五月，皇冠，台北。

▨《懂用錢，愈活愈富有：全球 9,000 萬人見證有效，理財武士教你做出致富決策，FIRE不上班超過十年，被動收入年領 30萬美元》（*Buy This, Not That: How to Spend Your Way to Wealth and Freedom*），山姆・杜根（Sam Dogen），二〇二三年二月，采實文化，台北。

▨《賺錢，更賺自由的 FIRE 理財》（*Playing with Fire*〔*Financial Independence Retire Early*〕: *How Far Would You Go for Financial Freedom?*），史考特・瑞肯斯（Scott Rieckens），二〇一九年一月，采實文化，台北。

▨〈六月份韓國吃播 Youtuber 收入 Top5 公開！Boki 月入一八萬美金排第五！第一名月入二三七萬美金！〉，SarangOppa 娛樂大事件，二〇二〇年七月。（https://

sarangoppa.com/2020/07/11/6月份韓國吃播youtuber收入top-5公開！boki月入18萬美金排第五！/）

▨〈南韓網紅收入前十名半數都靠吃播「冠軍頻道不露臉」一年就吃進九五〇〇萬〉，民視新聞網，二〇二二年一月。（https://www.youtube.com/watch?v=w1QZjSeXCl8）

▨〈日本二十六歲社畜地獄作息曝光，引三〇〇萬網友圍觀：還要命嗎？〉，知乎，二〇二一年十二月。（https://zhuanlan.zhihu.com/p/445941820）

▨〈社畜加班圖鑑—宇宙不重啟，我們不休息〉，知乎，二〇二〇年七月。（https://zhuanlan.zhihu.com/p/161986573）

▨〈西班牙上班族一年36天給薪假，一到夏天城市變空城〉，關鍵評論網，二〇一六年十二月。（https://www.thenewslens.com/article/5994）

▨《找到你的工作好感覺：松浦彌太郎の舒服工作術》（松浦弥太郎の仕事術），

松浦彌太郎，二〇一一年七月，原點出版，台北。

▨《閒暇：一種靈魂的狀態（第三版）》（*Leisure: the basis of culture*），二〇一八年五月，立緒文化，新北。

▨《湖濱散記【當代經典《華爾登湖》全新中譯本】：關於簡樸、獨立、自由與靈性，梭羅獻給我們這個世代的心靈筆記》（*Walden, or Life in the Woods*），亨利·梭羅（Henry David Thoreau），二〇二〇年十月，果力文化，台北。

▨《才不是魯蛇：錢少事少、周休五日的快樂人生》（*20代で隠居 週休5日の快適生活*），大原扁理，二〇一六年十月，時報出版，台北。

▨〈住豪宅、開名車 還領救濟金〉，自由財經，二〇一〇年十一月。（https://ec.ltn.com.tw/article/paper/444039）

▨《55歲開始的 Hello Life（東京晴空版）》（*55歳からのハローライフ*），村上龍，二〇二二年一月，大田，台北。

▨《匱乏經濟學（新版）：為什麼擁有的老是比想要的少？面對匱乏感最強烈的時刻，你該如何做聰明抉擇？》（*Scarcity: why having too little means so much*），森迪爾・穆蘭納珊（Sendhil Mullainathan）、埃爾達・夏菲爾（Eldar Shafir），二〇二〇年四月，遠流，台北。

▨《人間修煉指南：做個清醒的聰明人》，半佛仙人，二〇二二年四月，北京聯合出版公司。

▨《OFF學：愈會玩，工作愈成功》（遊ぶ奴ほどよくできる！），大前研一，二〇一三年九月，天下雜誌，台北。

▨〈大人的電梯・SAPPORO 黑牌啤酒〉廣告。

▨《不做討厭的事，也能活得很好：三千人爭相請吃飯也要聆聽的另類人生觀》（嫌なこと、全部やめても生きられる》，中島太一，二〇二一年七月，方智，台北。

《一個人大丈夫：微型出版的工作之道》（ひとり出版社という働きかた》，西山雅子，二〇一八年四月，紅螞蟻圖書，台北。

〈美國小鎮請街友當清潔工，網讚爆：垃圾沒了、街友也有工作〉，風向新聞，二〇一九年十一月。（https://kairos.news/168464）

【要怎麼樣才能讓你看到我?】Lights on the Streets 2016 年坎城直效創意獎入圍作品，小魚廣告網，二〇一六年十一月。（https://www.facebook.com/watch/?v=1279270345429751）

〈不一樣的流浪漢公益：他們不賣慘，他們賣希望〉，數英廣告網，二〇一八年一月。（https://www.digitaling.com/projects/26388.html）

《未來食堂：提供免費餐的餐廳到今天都能賺錢的理由》（ただめしを食べさせる食堂が今日も黒字の理由》，小林世界，二〇一七年十月，啟動文化，台北。

〈厭惡辦公室生活！韓國女孩二十六歲辭職跑去當清潔工，八年賺到買房「我現在的生活很幸福」！〉，GirlStyle 女生日常，二〇二二年五月。（https://girlstyle.com/tw/article/332111/%E9%9F%93%E5%9C%8B-%E6%B8%85%E6%BD%94%E5%B7%A5-%E8%B2%B7%E6%88%BF）

▨〈會玩！六十八歲東北大叔跑全國各地當清潔工，只為看看這個世界〉，壹讀新聞，二〇一八年四月。（https://read01.com/PM86NE4.html）

▨《不道德教育講座》（不道徳教育講座），三島由紀夫，二〇一四年四月，大牌出版，新北。

▨《不工作：為什麼我們該停手》（*Not Working: Why We Have to Stop*），喬許・柯亨（Josh Cohen），二〇二〇年一月，立緒文化，新北。

▨《如何「無所事事」：一種對注意力經濟的抵抗》（*How to Do Nothing: Resisting the Attention Economy*），珍妮・奧德爾（Jenny Odell），二〇二一年四月，經濟新潮社，台北。

- 〈不想坐辦公室！她果斷離職「找到夢幻工作」免費住遍全球豪宅〉，ETtoday新聞雲，二〇二三年五月。（https://www.ettoday.net/news/20230521/2503466.htm）
- 〈Tiny house: 不被高房價綁架的行動迷你屋！〉，大人物，二〇一五年九月。（https://www.damanwoo.com/node/87013
- 〈居無定所實驗計畫〉，粉圓妹趴趴走。（https://linfannie.blogspot.com/search/label/%E5%B1%85%E7%84%A1%E5%AE%9A%E6%89%80%E5%AF%A6%E9%A9%97%E8%A8%88%E5%8A%83）
- 〈「小時會念書，長大睡路邊！」台大電機碩士兩原因願當車屋族：不是買不起，房子貴又沒價值〉，《今周刊》，二〇二二年八月。（https://www.businesstoday.com.tw/article/category/183027/post/202208040005/）
- 〈《我家在車上》買房遙不可及，車居族以車為家的遊牧人生——另一種注目〉，鏡新聞，二〇二三年六月。（https://www.youtube.com/watch?v=xrsW2SyLWGw）

▨《大器可以晚成：當世界沉迷年少得志，耐心是你成功的本事》（*Late Bloomers: The Power of Patience in a World Obsessed with Early Achievement*），里奇・卡爾加德（Rich Karlgaard），二〇一九年九月，先覺，台北。

▨〈杜素娟：理想是人生的彈簧〉，一席，二〇二三年八月。（https://www.youtube.com/watch?v=8tBs1wobWC8）

▨〈海蜘蛛用5億年親自證明了一個道理：「只要足夠廢物，就沒天敵」〉，每日頭條，二〇二二年三月。（https://kknews.cc/n/yxjaj3n.html）

▨〈40%的螞蟻天天裝忙?・廢柴「懶惰蟻」為何存在?〉，泛科學，二〇一七年九月。（https://pansci.asia/archives/127196）

▨《經濟不成長的時代生活提案》（次の時代を、先に生きる。ーまだ成長しなければ、ダメだと思っている君へ），高坂勝，二〇一八年三月，行人文化實驗室，台北。

▨《從零開始做編劇：10位日本金牌導演、編劇談劇本》（ゼロからの脚本術：10人の映画監督・脚本家のプロット論），泊貴洋，二〇一八年八月，華中科技大學出版社。

▨〈我做發明，但我沒有要改變世界——無用發明家藤原麻里菜〉，秋刀魚，二〇二〇年十一月。（https://qdymag.com/people-story/47）

▨〈消費心理學：誘惑你多花錢的訣竅〉，BBC NEWS 中文，二〇一九年五月。（https://www.bbc.com/ukchina/trad/vert-cap-49936873）

▨〈「少子化才好！」英國牛津大學教授逆風建言：鼓勵生育增加勞動力，這種想法已過時〉，風傳媒，二〇一八年十二月。（https://www.storm.mg/article/760939）

▨〈沒有多巴胺的一天，我都經歷了什麼？〉，新浪科技綜合，二〇二〇年四月。（https://tech.sina.cn/d/bk/2020-04-19/detail-iircuyvh8611579.d.html）

▨《低欲望社會》（低欲望社会：大志なき時代の新·国富論），大前研一，二〇一六年九月，天下文化，台北。

▨《厭世代：低薪、貧窮與看不見的未來》，吳承紘、關鍵評論網，二〇一七年十一月，月熊出版，新北。

▨《超思考》（ちょうしこう），北野武，二〇一五年八月，時報，台北。

▨〈德國假名媛混入美國上流社會，騙倒紐約精英圈〉，BBC NEWS 中文，二〇一九年四月。（https://www.bbc.com/zhongwen/trad/world-47934952）

▨〈被殺死 5 萬次、去世前都是跑龍套：福本清三，卻是日本影壇最敬重的傳奇〉，A Day Magazine，二〇二一年一月。（https://www.adaymag.com/2021/01/12/fukumoto-seizo-story.html）

第3章

▨《我在底層的生活：當專欄作家化身為女服務生》（*Nickel and Dimed:On (Not) Getting By in America*），芭芭拉・艾倫瑞克（Barbara Ehrenreich），二〇一〇年一月，左岸文化，新北。

▨《幸運的科學：為什麼有些人的運氣總是特別好？普林斯敦高等研究院「運氣實驗室」為你解開「幸運」的秘密》（*How Luck Happens: Using the Science of Luck to Transform Work, Love, and Life*），珍妮絲・卡普蘭（Janice Kaplan）、巴納比・馬殊（Barnaby Marsh），二〇一九年一月，平安文化，台北。

▨《鈍感力：為那些一點小事就耿耿於懷的人，找到救贖》（鈍感になるほど人生がうまくいく），植西聰，二〇一八年四月，大是文化，台北。

▨《你真的不必討好所有人：「世界最尊敬的一百位日本人」、《你所煩惱的事，

有九成都不會發生》作者，獻給容易受傷的你的「厚臉皮學」》（傷つきやすい人のための 図太くなれる禅思考），枡野俊明，二〇二〇年三月，平安文化，台北。
▨《死前會後悔的25件事：一千個臨終病患告訴你人生什麼最重要（改版）》（死ぬときに後悔すること25），大津秀一，二〇一七年二月，天下文化，台北。

國家圖書館出版品預行編目(CIP)資料

請叫我「遊民小姐」！：躺平、安靜離職很可以！勇敢出走，做自己人生的老闆 / 遊民小姐著 . -- 初版 . -- 臺北市 : 今周刊出版社股份有限公司, 2024.05
288 面；14.8X21 公分 . --(社會心理 ; 41)

ISBN 978-626-7266-66-3(平裝)

1.CST: 人生哲學

191.9　　113003657

社會心理 41

請叫我「遊民小姐」！

躺平、安靜離職很可以！勇敢出走，做自己人生的老闆

作　　者　遊民小姐
總 編 輯　許訓彰
特約主編　蔡緯蓉
封面設計　林木木
封面插畫　22r_abbit
內文排版　陳姿仔
校　　對　陳家敏、歐玟秀

行銷經理　胡弘一
企畫主任　朱安棋
業務主任　林苡蓁
印　　務　詹夏深

發 行 人　梁永煌
社　　長　謝春滿

出 版 者　今周刊出版社股份有限公司
地　　址　台北市中山區南京東路一段 96 號 8 樓
電　　話　886-2-2581-6196
傳　　真　886-2-2531-6438
讀者專線　886-2-2581-6196 轉 1
劃撥帳號　19865054
戶　　名　今周刊出版社股份有限公司
網　　址　http://www.businesstoday.com.tw

總 經 銷　大和書報股份有限公司
製版印刷　緯峰印刷股份有限公司
初版一刷　2024 年 5 月
定　　價　380 元

Psychology

Psychology